农村精准扶贫扶志扶智案例评析

刘红宇 周琼 等 编著

财经素养助力乡村振兴发展丛书

主编：韦春北

中国财经出版传媒集团
中国财政经济出版社

图书在版编目（CIP）数据

农村精准扶贫扶志扶智案例评析 / 刘红宇等编著．-- 北京：中国财政经济出版社，2019.8

（财经素养助力乡村振兴发展丛书/韦春北主编）

ISBN 978 -7 -5095 -9220 -6

Ⅰ.①农…　Ⅱ.①刘…　Ⅲ.①农村－扶贫－案例－广西　Ⅳ.①F323.8

中国版本图书馆 CIP 数据核字（2019）第 188598 号

责任编辑：张怡然　　　　责任校对：徐艳丽

封面设计：兰卡绘世　　　　责任印制：张　健

农村精准扶贫扶志扶智案例评析

NONGCUN JINGZHUN FUPIN FUZHI FUZHI ANLI PINGXI

中国财政经济出版社 出版

URL：http：//www.cfeph.cn

E－mail：cfeph@cfeph.cn

社址：北京市海淀区阜成路甲 28 号　邮政编码：100142

营销中心电话：010－88191522

天猫网店：中国财政经济出版社旗舰店

网址：https：//zgczjjcbs.tmall.com

北京财经印刷厂印装　各地新华书店经销

成品尺寸：147mm×210mm　32 开　9 印张　210 000 字

2021 年 2 月第 1 版　2021 年 2 月北京第 1 次印刷

定价：36.00 元

ISBN 978 -7 -5095 -9220 -6

（图书出现印装问题，本社负责调换，电话：010－88190548）

本社质量投诉电话：010－88190744

打击盗版举报热线：010－88191661　QQ：2242791300

前言

QIAN YAN

随着“精准脱贫”战略的深入实施，我国的脱贫攻坚任务取得了显著成效。与此同时，部分农村地区和民族地区困难群众“精神贫困”问题越来越突出，“等、靠、要”等惰性思想严重。习近平总书记在2016年东西部扶贫协作座谈会上强调，摆脱贫困首要并不是摆脱物质的贫困，而是摆脱意识和思路的贫困。扶贫必扶智，治贫先治愚。不少关于国内贫困地区脱贫工作实践的研究表明，政策的引导、龙头企业及社会资本的参与、良好的氛围等均能推动脱贫工作的进展，而将贫困户纳入扶贫模式才能从根本上提升脱贫能力。因此，脱贫攻坚要充分激发群众的积极性，充分发挥其“智”的作用，只有“立志扶智”才能彻底帮助贫困群众脱贫。“扶志”有助于培育贫困群众自力更生的意识，激发贫困户脱贫的信念，而“扶智”是增强自我脱贫的能力的有效路径。

截至2020年4月，广西已累计减少建档立卡贫困人口450万人，贫困发生率从10.5%下降至0.6%，实现4719个贫困村、46个贫困县摘帽，已全部完成71万贫困人口的扶贫搬迁，脱贫工作取得很大进展。全书以广西部分地区的脱贫工作案例为背景，包括2个养殖类产业扶贫案例、2个种植类产业扶贫案例、2个旅游类产业扶贫案例、1 个加工产业扶贫案例、1 个边贸产业扶贫案例、1 个教育类扶贫案例、1 个环境整治类扶贫案例，通过以上 10 个案例，论述在扶贫过程中“立志扶智”的重要性及必要性。

第 1 章的合作养牛扶贫、第 5 章的林业扶贫、第 6 章的编织产业扶贫、第 10 章的食用菌产业扶贫等都属于产业扶贫的范畴，都依赖于当地政府对政策的充分把握和因势利导，以及技术的发展和贫困户、龙头企业、合作社、爱心人士等社会各方的协同合作。第 4 章的龙州县边贸扶贫及第 7 章的东兴京岛海洋渔业（核心）示范区扶贫同属于产业扶贫范畴，均是利用了自然优势。龙州县地处中越边境，适宜发展边境贸易，构建边贸扶贫的产业链小循环；东兴京岛利用沿海优势及丰富的自然资源，设立水产种苗生产区、对虾标准化养殖示范区、工厂养殖区、农产品加工区、现代农业观光休闲区、美丽渔村示范区以及休闲旅游发展区 7 个区，形成特色产业示范园。第 8 章三江侗族自治县依托于贫困地区的绿水青山的旅游资源优势，发展旅游产业扶贫使贫困户脱贫致富。第 9 章是“易地搬迁 + 产业扶贫”模式探索，阐述了河池市南丹县在易地搬迁基础上的产业扶贫，采用“乡镇分散安置 + 县城集中安置 + 旅游产业与易安结合安置”等模式，除了推进“千家瑶寨·万户瑶乡”旅游扶贫项目开展旅游扶贫外，还通过“扶贫车间”政策及水果产业扶贫。第 2 章以靖西市魁圩乡康和村为例，论述了教育扶贫、产业扶贫、文化扶贫的全方位扶贫体系，从物质扶贫到精神扶贫，从“输血”到“造血”的群众整体脱贫的路径。第 3 章贫困村风貌改造的案例，主要通过组织引导激发民众自律，形成良好的氛围，改善生态环境，促进农村经济的发展。

本书的主要读者为脱贫工作的一线人员、农民群众、相关研究人员以及关心脱贫攻坚工作的各界人士，我们希望读者在阅读本书后有所裨益，尤其对于亲身参与扶贫工作的读者来说，可以对扶贫工作“立志扶智”的思想有更加深刻的认识，在往后的工作和实践中，结合当地的自然资源优势、政策优势及其他优势，思考脱贫致富工作的新路径和新方法。若本书能为脱贫攻坚，乃至乡村振兴工作起到积极作用，我们将万分荣幸，备受鼓舞。此外，囿于研究时间及深度，难免存在未尽人意之处，敬请读者批评、指正。

本书各章案例采集者为：第1章：黄思；第2章，张孝飞；第3章：何劲军；第4章：宋文；第5章：周安毅、唐令辉；第6章：覃瑞生；第7章：米胤嘉；第8章：吴定伟；第9章：黄维平、李文亮；第10章：周琼。全书由刘红宇负责策划、案例遴选和分析、文字统稿，周琼负责组织案例实地调研，杨冬妮、黄春婧负责主要案例调整和审校。不胜感激，特此深表谢意。

目录

MU LU

第 1 章 “合作养牛扶贫”的协同管理与激励设置

——广西上林养牛产业推进精准扶贫案例分析 ……… 1

1.1 案例记录：“今年我养牛 明年牛养我” ……………… 3

1.2 案例分析：协同管理是关键 …………………………… 8

1.3 案例推广：合作养牛扶贫项目的可复制性探讨 ……… 25

第 2 章 构建系统性扶贫工作体系

——广西财经学院定点帮扶村靖西市魁圩乡康和村脱贫的工作体系 ………………………… 31

2.1 案例记录：康和村概况 ………………………… 34

2.2 案例分析：康和村扶贫工作整体架构 ……………… 36

2.3 构建系统性扶贫工作体系的经验和推广条件 ……… 46

2.4 构建扶贫工作体系的几个难点和对策 ……………… 50

第3章　贫困村的环境脱贫整治

——龙州县响水镇贫困村环境整改实践 ……………… 53

3.1　案例记录：从“乱草堆”到“微花园” ……………… 55

3.2　案例分析：贫困村风貌改造过程中“认知—行动—情感”的强连接和显作用 ……………………………………… 60

3.3　案例推广 …………………………………………………… 66

第4章　“边贸扶贫”的可持续发展模式

——广西龙州县边贸扶贫实践案例分析 ……………… 71

4.1　案例记录：“脱贫饭”不分国界 ……………………… 73

4.2　案例分析：“九员大将”显神勇 ……………………… 76

4.3　案例推广：边贸扶贫的可复制性探讨 ……………… 97

第5章　三产融合创新实现共赢

——广西环江毛南族自治县特色林业扶贫产业示范园“1+1>2”模式案例分析 …………………………… 103

5.1　案例记录 ……………………………………………… 105

5.2　案例分析 ……………………………………………… 107

5.3　案例推广：特色林业扶贫产业示范园建设可复制推广探讨 …… 122

第6章　产业扶贫的模式和潜力探索
——广西都安编织工艺品产业助力精准扶贫案例分析 …… 133

6.1　案例记录：编织工艺品产业带动农户脱贫致富奔小康 …… 135
6.2　案例分析：编织工艺品产业助力精准扶贫 …… 141
6.3　案例推广：编织工艺品产业助力精准扶贫可复制性探讨 …… 158

第7章　产业扶贫中的“示范区”引领效应
——东兴京岛海洋渔业（核心）示范区案例分析 …… 163

7.1　案例记录：“授人以鱼，不如授人以渔” …… 165
7.2　案例分析：京岛海洋渔业（核心）示范区致富模式 …… 172
7.3　案例推广：海洋渔业示范区的可复制性探讨 …… 187

第 8 章 探索“旅游扶贫”，助力脱贫攻坚战
——广西三江侗族自治县乡村旅游扶贫案例分析 …… 193

8.1 案例记录：“在家门口挣钱，在家门口致富” …… 195
8.2 案例分析：三江旅游扶贫 …… 199
8.3 案例推广：旅游扶贫可复制性和推广性探究 …… 226

第 9 章 “易地搬迁 + 产业扶贫”模式探索
——广西南丹县推进精准扶贫案例分析 …… 229

9.1 案例记录：“告别穷山恶水，再造崭新家园” …… 231
9.2 案例分析 …… 235
9.3 案例推广：“南丹”模式的可复制性探讨 …… 253

第 10 章 食用菌产业“三位一体”精准扶贫模式
——大学生回乡创业精准扶贫实践案例分析 …… 255

10.1 案例记录：小蘑菇撑起致富伞 …… 257
10.2 案例分析：食用菌产业精准扶贫三位一体模式分析 …… 263
10.3 案例推广：食用菌产业扶贫的可复制性 …… 275

第1章

“合作养牛扶贫”的协同管理与激励设置

——广西上林养牛产业推进精准扶贫案例分析

1.1 案例记录：“今年我养牛　明年牛养我”

1.1.1 案例概况

上林县是国家级贫困县，隶属广西壮族自治区南宁市，有“南宁后花园”之称，是广西传统节日“三月三”的发祥地和珠江流域龙母文化的源头，首批46个国家生态文明建设示范市县之一，国家生态示范区。多年来，当地积极探索各种解决贫困问题的方式，2018年，在全县范围内推广了一种新的精准扶贫工作模式：政府+认养帮扶者（企业单位或者个人）+龙头企业+合作社+贫困户，就是通过包括贫困户在内的各方通力协作，发展养牛产业来帮助贫困家庭摆脱贫困，并逐渐富裕，最终实现全体人民生活小康。

这个扶贫模式，它的流程可以简单地描述为：第一步，募集产业发展资金；第二步，政府出台实施相关扶持政策和提供部分资金支持；第三步，龙头企业使用这批资金买牛；第四步，合作社从龙头企业接收代农民饲养的牛；第五步，牛养好后，龙头企业保价回收，使贫困户得利、合作社受益。这五个环节，归根到底，最终目的都是为了贫困户脱贫致富，增加农民收益。这么一个模式完整走下来，贫困户的收益来源一方面通过为合作社提供有偿草料、有偿务工等实现；另一方面，两年的饲养期内，贫困户每年从合作社获得 5000 元固定收益，而且母牛产下的牛犊产权归合作社和贫困户共有。

从图 1－1 中可以很清楚地看出：贫困户是这个链条的中心环节。

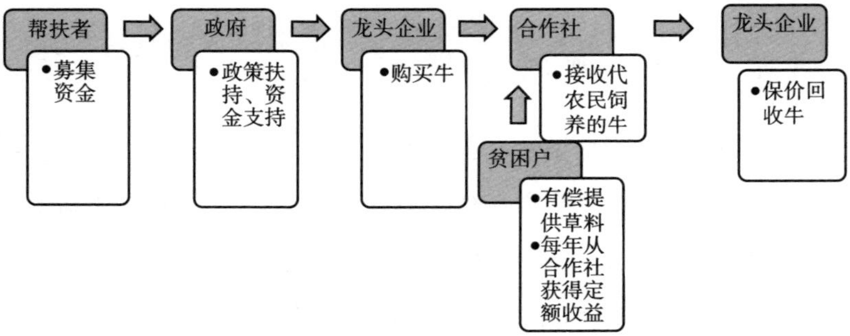

图 1－1 “合作养牛扶贫”模式流程图

“合作养牛扶贫”模式是当地目前从政府层面全力推进脱贫攻坚的最新手段和方式，从实施过程和结果来看，扶贫脱贫的成效明显。

截至 2019 年 2 月 14 日，已签约帮扶资金 650 万元，实际已到账社会帮扶资金 363.3 万元，共有 87 家企业、44 位人士参与了本次活动（见图 1－2、图 1－3）；带动 83 家合作社养牛，活牛存栏 10997 头；带动 3972 户贫困户脱贫，占全县脱贫攻坚总户数 20619 户的 19.3%；培养创富带头人 37 人，带动贫困村集体经济入股 24 个，非贫困村集体经济入股 66 个，累计培训农民 3500 多人次，合作社及龙头企业为全县 1000 多户贫困户提供了就业岗位。截至

2018 年 12 月，已有 54 个合作社给 1095 户贫困户发放产业收益金，共 420.278 万元；其中，全县 24 个贫困村每个入股 30 万元共 720 万元，已经全部发放了两年红利，2017 年每个村分红 2.4 万元、2018 年 2.7 万元；另外 66 个非贫困村共入股共 1155 万元，2018 年已按 8% 分红到账，其中 33 个村获得分红各 8000 元，另 33 个村获得分红各 2 万元（因入股金额不同）。

图 1－2　上林县县委书记梁平江（中）、县长蓝宗耿（右）、县人大主任李玉辉（左）爱心认养帮扶贫困户

图 1－3　社会各界积极认养帮扶贫困户

1.1.2 个案一：莫维红——从外地务工到归家养牛

莫维红，上林县白圩镇石塘村人，贫困户。全家四口人，妻子长年患病，无法正常生活、工作，莫维红一人力撑全家。2017年5月之前他一直在外地务工，长期苦于无法照顾正在读初中和职业学校的一儿一女以及患病妻子。2017年5月他到合作社上班，每月工资2500元。2018年10月，他获得母牛5头，委托合作社代养。2年内，这5头牛每年将带来5000元以上的收益，加上上班之余种植草料卖给合作社的收入，每年他的收入将达到4万元左右。莫维红不仅脱贫，而且从此结束了奔波流离的工作和生活。养牛，让他再次感受到家庭的甜蜜温暖和生活的意义（见图1-4）。

图1-4 莫维红工作照

1.1.3 个案二：韦忠勇——从穷人变身“牛人”

韦忠勇，上林县白圩镇光华村种养专业合作社的创业致富带头人。2018 年，他代养 35 户贫困户的 102 头牛。通过养牛，他不仅摆脱了贫困，而且初步走上富裕之路，2018 年收入 50 万元，2019 年扩大合作社养殖规模，再增加 100 头牛（见图 1-5）。韦忠勇说，现在真是遇上好时代，享受到好政策。但创业艰难，他希望政府适当延长政策施行时间，把产业做得更大，让更多人从中受益。

图 1-5 韦忠勇工作照

目前，广西上林这种通过养牛产业发展推进精准扶贫的模式不仅引起了自治区领导的高度关注（见图 1-6），也得到了国务院扶贫办领导的充分肯定。按照龙头企业广西山水牛畜牧业有限责任公司（以下简称“广西山水牛公司”）的发展规划，“下一步我们还要扩大养殖规模，争取用一年时间，由现在的 1 万多头增长到

3万头，帮扶贫困户由现在的4000户增长到6000户。目前公司还正在积极谋划上市，进一步做大做强企业，打响上林山水牛品牌”。

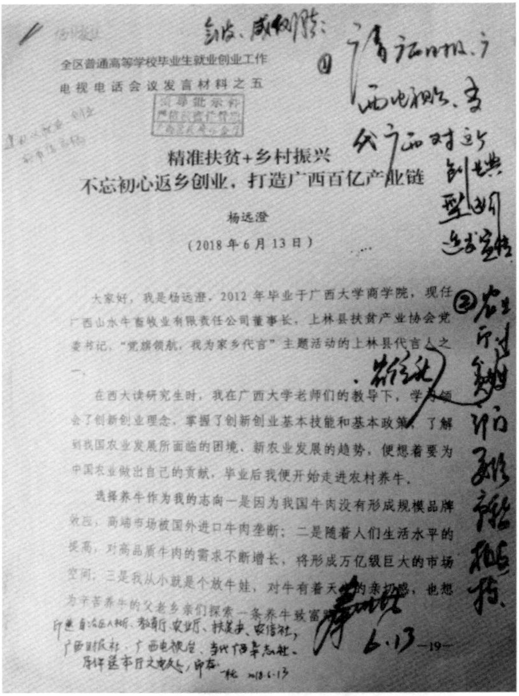
全区普通高等学校毕业生就业创业工作
电视电话会议发言材料之五

精准扶贫+乡村振兴
不忘初心返乡创业，打造广西百亿产业链

杨远澄

（2018年6月13日）

大家好，我是杨远澄，2012年毕业于广西大学商学院，现任广西山水牛畜牧业有限责任公司董事长，上林县扶贫产业协会党委书记，“党旗领航，我为家乡代言”主题活动的上林县代言人之一。

在西大读研究生时，我在广西大学老师们的教导下，学[illegible]会了创新创业理念，掌握了创新创业基本技能和基本政策，了解到我国农业发展所面临的困境、新农业发展的趋势，便想着要为中国农业做出自己的贡献，毕业后我便开始走进农村养牛。

选择养牛作为我的志向一是因为我国牛肉没有形成规模品牌效应，高端市场被国外进口牛肉垄断；二是随着人们生活水平的提高，对高品质牛肉的需求不断增长，将形成万亿级巨大的市场空间；三是我从小就是个放牛娃，对牛有着天[illegible]的亲切感，也想为辛苦养牛的父老乡亲们探索一条养牛致富[illegible]

—19—

图1-6　广西自治区副主席秦如培关于广西上林发展养牛促进脱贫的圈阅文件

1.2　案例分析：协同管理是关键

现代公共管理理论认为，单一的治理主体并不足以应对所有复杂多变的、潜在的社会风险，无论是政府、企业还是个体，都无法穷尽所有公共事务。社会的精细化治理必然要求构建多元主体、多维度的协同。[①] 在产业扶贫项目中，政府、企业、贫困户等的多方协作，将有助于充分发挥各方的积极效应，对于实现产业扶贫至关重要。为此，一些学者针对产业扶贫实践经验中的协同管理做了相应的理论研究。

有学者以重庆市 X 县产业扶贫为例进行研究，发现其协同行为存在于闭合的协同环境之内，多方主体在其中逐渐通过角色的嬗变形成相互协同的关系架构，并依托资源的整合配置、利益的联结分配以及持续的过程监管不断重塑和优化协同系统。[②] 因此，产业脱贫需要多方协同推进。有的研究认为，通过对扶贫资源的精细化配置、协同式聚力，将有效地把传统的“输血式”扶贫方法转变为“造血式”现代扶贫模式。[③] 也有学者从共享发展的视角研究，认为实现精细化治理的关键是引入共享发展理念，吸纳多元主体协同参与社会治理，明晰各方权责，充分调动政府、社会组织、社区、企业和扶贫对象等主体协同治贫，达到协同共治的目标。[④] 有学者提出，实施多中心协同反贫困治理必须坚持政府主导、上下联动，精准施策、因地制宜，加强宣传及群众参与等策略。[⑤] 综

① 戚小倩．合作治理面临三重挑战［N］．学习时报，2015-03-16（4）．

② 陆远权，蔡文波．产业扶贫的多方协同治理研究——以重庆市 X 县为例［J］．重庆社会科学，2020（01）：17-27．

③ 吕艳坤，解丽君．精准扶贫精细化管理 精准脱贫协同式聚力［J］．中国管理信息化，2016，19（15）：202-203．

④ 沈菊．农村精准扶贫多元主体协同机制研究［J］．沈阳农业大学学报（社会科学版），2017，19（03）：264-268．

⑤ 冯朝睿．迈向多中心协同反贫困治理的中国扶贫模式变迁研究［J］．学术探索，2019（12）：54-62．

上所述，多方合作、协同管理是产业扶贫的关键，协同管理的具体要点如下：

一是要明确政府、帮扶者、企业等各方的权责，充分整合各方的资源和力量，动员各方积极参与；二是建立公平、公正的市场竞争环境，通过设置保底回收制度，使企业、农户等各方的权益得到有效保障；三是建立完善的激励机制，有效促进各方持续推进，真正实现“输血式”到“造血式”的转变；四是注重风险防控，包括自然风险、市场价格波动风险、资金管理问题导致的经济风险等，稳定各方收益，逐步实现完善的、精细的、多维度的协同管理。

1.2.1 明确合作养殖扶贫利益各方的权责

习近平总书记强调：“调动各方力量，加快形成全社会参与的大扶贫格局。脱贫致富不仅仅是贫困地区的事，也是全社会的事，要更加广泛、更加有效地动员和凝聚各方面的力量……同时要更加重视制度建设，明确各单位责任，建立考核评价机制……动员全社会力量广泛参与扶贫事业，鼓励支持各类企业、社会组织、个人参与脱贫攻坚。”①

广西上林发展养牛产业来推进精准扶贫，是根据当地的实际情况，比如气候温和、空气好、草料优质丰富等良好的生态和环境以及农民生活生产习惯等因素因地制宜采取的新的扶贫模式。

① 在中央扶贫开发工作会议上的讲话［C］//中共中央文献研究室，十八大以来重要文献选编［G］. 北京：中央文献出版社. 2018：50－51.

在这个模式中，参与脱贫攻坚有五大主体，分别是：政府、认养帮扶者、龙头企业、合作社和贫困户。这是一个多方共同参与的扶贫模式，按照这个模式的设计，每个主体都有事先约定的、具有法律效力的、专属自己的职责和权利。在协同管理中，要求政府、认养帮扶者、龙头企业、合作社和贫困户这五大主体之间协同推进，实现不同主体角色之间的有效整合和作用发挥。这有助于动员社会各方力量广泛参与扶贫事业，共同推进以养牛扶贫产业为路径的精准扶贫。

（1）政府：全程监管与资金补贴

政府一般担任指导性的角色，起到指向性及监管的作用。政府全过程监管是在整个扶贫计划实施中对项目策划、政策制定、资金扶持等具体过程的全方位监督与扶持，以帮助企业、农户保障收益。当地政府在合作养殖扶贫项目上是“管服两手抓”。一方面，从顶层设计上对整个扶贫项目的策划、实施和结果进行全过程监管；另一方面，在关键环节上直接给予政策倾斜和资金扶持。政策倾斜和资金扶持主要是由政府提供政策性养殖保险、回购补贴等。政策性养殖保险是运用商业保险对养殖风险进行管理和控制，具体是由政府给予贫困户 80% 的保费补贴，用于为扶贫项目中所饲养的牛购买保险；回购补贴政策是指实行肉牛回购补贴政策，对由龙头企业广西山水牛畜牧业有限责任公司回购合作社代养的山水牛，政府按照 0.5 元/斤的标准给予合作社补贴，平抑市场价格波动导致的合作社、农户的收益损失。

(2) 认养帮扶者：做公益有收益

认养帮扶者指热心公益、愿意为该项产业扶贫项目投入资金的企业或个人。这些企业或个人募集来的资金将作为产业发展资金的一部分。该养牛产业扶贫项目个人帮扶者提供的认养帮扶资金为5000元的整倍数（最低认养金额为5000元），企业单位帮扶者以人民币1万元的整数倍（最低认养金额1万元）参与认养帮扶，认养帮扶期限为2年。认养期限到期后全额退还认养帮扶者本金。认养期间，每年按照认养帮扶资金的8%免费获得同等价值的山水牛牛肉，还可以终身享受购买山水牛牛肉产品9折的优惠。由此，对于热心公益的企业或个人来说，该项投入就不只是公益性质的捐赠，还具备一定的投资性质，让做公益的人也能由此获得一定的收益。这将有效增加企业和个人参与该项扶贫项目的积极性，有助于动员全社会的广泛力量参与扶贫事业，拓宽了扶贫项目的资金来源。认养帮扶也是产业扶贫项目协同管理中的关键一环。

(3) 龙头企业：供牛、技术、市场“一条龙”

龙头企业作为养牛的专业技术方，利用扶贫项目募集来的产业资金购买牛只。以广西山水牛畜牧业有限责任公司为例，其在供牛、技术、市场等方面为贫困户提供“一条龙”模式的帮扶，在养牛产业扶贫项目的协同管理中，紧扣各个环节，起到至关重要的作用。在步骤上，龙头企业首先按5万元/户的标准提供牛只给贫困户；其次，提供保价回购服务，无偿为合作社、贫困户提供养殖技术培训，有偿提供繁殖防疫服务、核心精料等；再次，帮扶者资金到期后，全额退还帮扶者资金，并在帮扶期间的2年内为帮扶者提供帮扶金额8%的免费山水牛牛肉，给予帮扶者终身购买山水牛牛肉产品9折优惠；最后，委托合作社每年给被帮扶贫困户分红1头价值约5000元的牛犊。

（4）合作社：管好养牛“一件事”

合作社在养牛扶贫项目的协同管理中，主要责任就是养牛，是连接龙头企业与贫困户的重要渠道，具体职责如下：一是代养贫困户认养的牛只，并且按照广西山水牛畜牧业有限责任公司的标准进行养殖；二是受广西山水牛畜牧业有限责任公司委托给贫困户分红1头市场价值5000元的牛犊；三是每年向每户贫困户收购草料、支付务工工资，所有向贫困户收购草料、支付务工工资的款项必须通过银行转账；四是为贫困户代收代缴认养牛只的养殖保险费，并为认养牛只办理保险的投保手续，保险第一受益人为广西山水牛畜牧业有限责任公司；五是按照认养保障的要求做好安全防范措施。

（5）贫困户：天上不掉馅饼，“牛人”也要劳动

贫困户作为养牛产业扶贫项目中的帮扶对象，并非简单地被动帮扶，而是要参与到产业项目扶贫的具体工作中，主要包括参与草料种植、牧草加工、参加养殖技术等专业技能培训。通过种植、收集草料和参与合作社务工，每年总收入达5000元以上；如在合作社固定务工，则另外计算工资；一年后贫困户凭借务工、销售草料的银行流水账记录获得1头价值5000元的牛犊分红。这是从“输血”到“造血”转变的关键环节。贫困户由“等、靠、

要”转变为需要参与具体劳动、学习相关技能，通过产业的发展和技术的掌握，从根本上改变贫困的现状。

1.2.2 “保底设计”让各方手握收益“定心丸”

微观经济学中的商品价格指的是商品的均衡价格，即该商品供求平衡时的价格。商品的均衡价格是在市场上的供求力量调节下自发形成的。在供求理论中，若商品的供求不平衡，将会有自动趋于平衡的趋势，但在某些情况下，单纯靠市场自发的恢复有可能对社会经济造成重大损失，因此需要借助外力的调节来减少这种趋势带来的损失。一些学者也针对外力调节机制做了相关研究。有学者在对黑龙江省散户模式奶农收益影响因素研究后，建议通过增加奶农补贴范围、稳定原料乳收购价格、推行适度规模化养殖等方式提高奶农收益①。另外有学者研究发现，订单农业传统价格机制未能很好地协调“公司+农户”型订单农业供应链，提出通过补贴系数将合约价与市场价相结合，实现公司和农户的“收益共享，风险共担”的一种“双向补贴”机制，可以让公司和农户形成一个利益共同体，有助于实现公司和农户收益的帕累托改进②。有的学者聚焦于网络平台的扶贫模式，通过对网络平台与农资团购双方利益的博弈研究，认为可以整合需求，形成农户购买竞争力，改变农户在农资购买交易中的弱势地位，改善传统农

① 谭留兵. 黑龙江省散户模式奶农收益影响因素及对策研究［D］. 东北农业大学，2013.

② 叶飞，蔡子功. “公司+农户”型订单农业供应链“双向补贴”机制研究［J］. 运筹与管理，2018，27（05）：186-193.

资交易市场不完全竞争的状态，此外，农户群体可以通过网络实名评价体系与政府、网络平台形成三级监督结构，建立公平公正的市场竞争环境，进而实现网络平台、农资商家和农户三方共赢①。

除了设置保价回收制度以外，管理上也需要政府发挥主导作用、各方积极配合，同时充分调动集体资金、盘活集体经济，对有困难的农户采取特定保障措施。

广西上林在通过发展养牛产业实施精准扶贫的过程中，除了设计好各方责任，最关键，也是最值得肯定的就是实事求是地对待产业发展过程中存在的各种可预见和不可预见的问题，灵活多变，全方位、多角度、多层次，尽一切可能采取各种有利于并确保贫困户脱贫致富的措施。

（1）价格上保底：保价回收制度

龙头企业对合作社代养的肉牛实行保价回收制度，在价格上实现保底（西门塔尔杂交牛：每年的 4 月至 9 月保收价每斤不低于 12.5 元，10 月至次年 3 月保收价每斤不低于 13 元；安格斯杂交牛：全年保收价不低于 14 元/斤）。不管价格如何波动，确保贫困户和合作社的利益不受市场影响。

（2）管理上保底：政府企业双管齐下

当地政府提供政策性农业保险、回购补贴等扶持项目；企业无偿提供养殖技术培训，有偿提供繁殖防治、核心精料等。对养

---

① 梁慧君，王淑慧. 网络平台协调农资团购双方收益的策略研究［J］. 世界农业，2017（06）：68 - 75.

殖扶贫项目中的公共管理环节与企业管理环节进行明确合理的分工，政府不干预养殖技术，企业积极配合公共管理，体现了政府和企业的良好协同效应。

（3）特殊户保底：无劳动能力者获得兜底保障

针对部分贫困户因各种自身原因（例如因病、因残等致困因素），不能够加入当地合作社进行山水牛养殖，或者需要政府财政兜底，广西上林就采取让该贫困户直接加入山水牛扶贫产业成为“股份农民”的办法，让其将所得的扶贫贷款加盟到公司。公司整合贫困户资金，加大发展山水牛养殖，并每年按贫困户所加盟金额的8%进行入股分牛，让贫困户增加收入。这样，只要这些特殊的贫困户愿意，即使无法参与养殖劳动，也能保证他们脱贫，解决基本的温饱问题。

（4）集体保底：盘活村集体经济

当前，广西农村贫困地区大多数没有集体企业，集体或者村里要办公益事业几乎没有经费开支，这也在较大程度上影响了农村的经济社会发展。为了解决村集体财政困难的问题，广西山水牛公司采取了“借鸡生蛋”的办法，与村集体签订合作协议，将村里筹措而来的资金投入山水牛公司的经营活动中，山水牛公司则给予村里合理的收益。目前，村集体将第一笔30万元资金投入山水牛产业经营中，投资期限为三年，山水牛公司在固定期限与村集体进行分红：第一年按投入资金总额的8%计算，则收益为2.4万元；第二年按投入资金总额的9%计算，则收益为2.7万元；第三年按投入资金总额的9%计算，则收益为2.7万元，并返还全部本金。

这样，村集体三年合计收益就达到 7.8 万元。

1.2.3　激励机制促进各方持续推进

在管理学领域，激励常常与动机联系在一起。美国管理学家罗宾斯认为动机是个体通过高水平努力而实现组织目标的愿望，而这种努力同时可以满足个体的某些需要。由此，无论是激励还是动机，通常都包含努力、组织目标和需要三个关键要素。有学者认为，合理有效的激励机制对精准扶贫政策的执行有着重要的保障作用。① 也有学者通过对金融精准扶贫的激励约束机制研究，指出建立激励机制要从优惠政策扶持、财政扶贫资金投入、风险救助补偿、金融生态环境培育等方面入手，从差异化金融扶贫监管、财政扶贫资金监督管理、金融精准扶贫科学考核等方面着手建立约束机制。②

激励的终极目标就是要让管理对象实现内在激励。有学者研究发现，精准扶贫需要协调多元主体利益诉求差异、平衡主体利益诉求的满足、建构多元主体主动参与的激励机制，最后形成贫困地区、贫困人群实现脱贫致富的内生性能力。③ 有学者认为，必须通过基层组织引领、思想教育激励、政策制度导向、产业扶贫带动、先进示范典型等多项措施构建外部多元扶贫与内部主动脱

---

① 常辰晖，杨震，郑屹．精准扶贫政策执行的激励结构及影响机制研究［J］．中国管理信息化，2018，21（21）：181－182.

② 姚景超，何文虎，马宏．我国金融精准扶贫的激励约束机制研究［J］．金融发展评论，2018（01）：148－158.

③ 杜建勇．精准扶贫中多元利益诉求及包容性治理研究［D］．华中师范大学，2018.

贫的激励机制，把扶贫与扶志相结合，充分激发可持续的脱贫攻坚内生动力，依靠贫困地区和群众自身发展来解决根本问题①。

习近平总书记强调："扶贫先要扶志，要从思想上淡化'贫困意识'。不要言必称贫，处处说贫。""贫困地区完全可能依靠自身的努力、政策、长处、优势在特定领域'先飞'，以弥补贫困带来的劣势。"②

广西上林发展养牛产业，直接瞄准精准扶贫，助民致富，既发挥了市场的资源配置和合理谋利功能，也较好地结合了政府的监管、干预作用。整个产业链自始至终都在可以预见的市场主导和政府有效干预之下运行。其得以成功，关键是整个机制和制度设计的科学性、合理性，无缝对接运作，既满足了市场的需求，也得以在政府的主导下，尽力规避市场和人为运行中的风险。我们不妨尝试对其得以成功运行的规律和特点作进一步的探究。

构建"政府+帮扶者+龙头企业+合作社+贫困户"的帮扶模式，通过政府引导、监管，单位或者个人出资，龙头企业具体操作的方式，为帮扶者和贫困户搭建一个爱心认养、消费扶贫的互助平台，动员全社会力量参与扶贫、支持扶贫工作，解决贫困户"等、靠、要"的思想问题，将扶贫与扶志相结合，提高贫困户自我发展能力，带动更多贫困户实现脱贫，形成贫困地区、贫困人群实现脱贫致富的内生性能力。这一模式是广西上林县目前

---

① 姚有林. 多措并举激发脱贫攻坚内生动力［N］. 中国社会报，2019－05－13（004）.

② 习近平. 给"国培计划（二〇一四）"北师大贵州研修班参训教师的回信（2015年9月9日）［N］. 人民日报，2015－09－10.

从党委、政府层面全力推进的精准扶贫模式。在这个模式中，为了确保产业链的健康、可持续推进，规避可预见的各种风险，一开始就作了顶层设计，除了因规避风险而采取的硬性保障措施之外，为进一步实现贫困户的内在激励，上林县政府还制定、施行出全方位的激励、奖励机制。

（1）补贴激励

除了承担牛只 80% 的保费补贴，政府还实行肉牛回购补贴政策，对由龙头企业广西山水牛畜牧业有限责任公司回购合作社代养的山水牛，政府按照 0.5 元/斤的标准给予养殖户也就是合作社补贴。

（2）产品激励

一是参与认养帮扶和消费帮扶的企业或个人都能够终身享受购买山水牛牛肉产品 9 折的优惠；二是认养期限到期后全额退还认养帮扶者本金，认养期间每年按照认养帮扶资金的 8% 免费回馈同等价值的山水牛牛肉。

如帮扶 1 万元，每年可免费获得价值 800 元的牛肉；牛肉以礼盒的形式免费快递配送，牛肉礼盒每 2 个月配送一次，分 4 次配送完。

（3）分红激励

合作社方面，每带动 1 户贫困户参加活动，即以牛只的形式获得 5 万元/户的养牛产业启动资金；获得扣除成本和牛犊分红后的养殖增值收益。贫困户方面，参与劳动收集草料销售给合作社即可获得价值 5000 元的牛犊分红。

（4）政策激励

参与扶贫的单位与个人，同等条件下优先享受政府出台的关于扶贫产业扶持的优惠政策，如项目补贴、贷款贴息、厂房租金减免等优惠政策。

（5）荣誉激励

帮扶者和扶贫产业主体签约合作2年以上且总金额达到50万元以上的，企业可获得由县扶贫产业协会党委颁发的“消费扶贫爱心企业”证书，个人可获得“消费扶贫爱心典范”证书；认养帮扶贫困户20户金额达100万元以上的帮扶单位、企业或个人，颁发“精准扶贫贡献典范”证书。

1.2.4 风险防控

在风险防控领域，按风险产生的原因分类，一般可以分为自然风险、社会风险、政治风险、经济风险、技术风险等。在农产品市场中，市场价格风险是主要风险之一。由于市场环境瞬息万变，农产品生产经营者面临的价格风险在不断增加，影响了农业的发展。[①]一些学者认为，农产品的价格波动风险是我国农业生产经营者面临的主要风险，可以通过建立农产品市场信息平台、政策支持、目标价格保险、发展订单农业等措施管理农产品价格波动风险。[②] 有学者对玉米产业链价格风险传导进行研究，认为价格波动会导致产

① 李姗姗，高志强．新型农业经营主体培育策略初探［J］．文史博览（理论），2015（7）：63－65．

② 楚金梦．农产品价格波动风险及其管理研究［J］．山西农经，2019（06）：83－84．

业链各主体面临严峻的价格风险，而玉米期货作为市场上重要的期货品种，可以为玉米产业链各环节生产经营主体提供价格发现、风险规避和提高资源配置效率等手段。[①] 除市场行情外，疾病是养殖业面临的另一大风险。除了提高饲养管理水平外，还需要增强动物机体自身的免疫力，降低用药成本，因此提高机体自身免疫力是防范养殖业风险的最佳选择。[②]

此外，农业企业在资金管理过程中融资风险、投资风险和运营风险等风险因素的存在为农业企业的发展埋下了很多隐患。在企业资金管理风险方面，一些学者研究认为，可以通过健全资金管理制度、全面提升人员素质、细化企业资金管理流程、强化资金内部控制等方式化解企业资金管理风险。保险作为防范风险的重要手段之一，在农业产业中也有广泛研究和应用。[③④] 也有学者从逆向选择风险出发，考虑保险的减损作用，通过对奶牛保险减损效应的实证研究发现，奶牛保险政策所发挥的客观减损作用是有限的。作为国家目前稳定实施的一项支农惠农政策，奶牛保险政策有助于增强养殖者从事奶牛养殖的信心，并且，养殖户参加奶牛保险后，并不存在消极进行风险防控的奶牛养殖行为。[⑤] 在养牛扶贫项

---

① 乔肖. 玉米产业链价格风险传导及规避策略研究［D］. 天津商业大学，2018.

② 李崇婕. 降低养殖业风险的有效措施［J］. 中国动物保健，2014，16（05）：67－69.

③ 宋宏乐. 企业资金管理风险化解路径探讨［J］. 技术与市场，2020，27（03）：163，165.

④ 刘卫星. 农业企业财务风险管理与防控［J］. 农村实用技术，2020（02）：13－14.

⑤ 张旭光. 奶牛保险的减损效果及对养殖户行为的影响［D］. 内蒙古农业大学，2016.

目中，通常面临的一般风险包括动物本身的存活率问题导致的自然风险、市场价格波动风险、资金管理问题导致的经济风险等，防控好各类风险在现实中尤为重要。

仔细分析，在这个养牛扶贫项目实施的各个环节中，最大的风险环节就是牛肉销售，也就是产品的市场问题。如果牛肉销售不出去或者销售不好，那项目收益就得中断，扶贫效果就会受影响，甚至标志着这种扶贫模式失败或者效果大打折扣。第二个风险就是牛的生存情况。合作社代老百姓养的牛，一旦被老百姓杀了、吃了，或者照顾不当，牛死了，那老百姓就无法从这个项目中获得任何收益，就无法帮助他摆脱贫困。第三个风险是产业发展资金来源的安全问题。

如何有效来规避这些风险呢？

（1）市场价格风险防控

我们先来看牛肉的市场销售问题。从考察得知，广西上林养牛产业扶贫中饲养的牛的品种属于目前世界上非常好的种牛品种——苏格兰安格斯牛和瑞士西门塔尔牛。为了使牛肉的品质达到世界上最好的标准，从品种选择到顶级牛舍的打造，从科学规范养殖到有壮乡药膳特色的中草药防病治病、专用草料等各个环节，龙头企业广西山水牛畜牧业有限责任公司都严格把控，施行标准化养殖、宰杀、销售。为了做最好的牛肉，公司构建了 HCNR 标准养殖体系，自主研发专利技术 94 项，制定行业标准体系，从示范区到各合作社，大到肉牛营养系统、防疫系统，小到听觉系统、视觉系统，全面进行规范养殖。经检测，目前公司产出的山水牛肉质的脂肪蛋白比为 1∶6.8 的黄金比例，富含肌氨酸及有益矿物质，硒、钾、镁、铁、锌含量是普通牛肉的 1.5 倍以上，使 20 个月龄的牛肉达到 3 年龄的牛肉香度。这些标准都已经达到世界上最好的牛肉标准，甚至有些指标已经超过国际公认的一流牛肉标准。山水牛牛肉不管从口感，还是从香嫩度、富硒含量、血红蛋白等指标上都可以和世界顶级品牌牛肉媲美，具备了全球竞争力。

目前，山水牛牛肉销售还不能完全满足市场需求，公司将通过电商市场、高端 KA 渠道、传统餐饮渠道、西餐渠道等销售渠道进行牛肉的销售；同时也全新开发“山水牛”全牛宴、“山水牛”精品牛排馆、“山水牛”社区生鲜牛肉专卖店等特色餐饮，目前“山水牛”全牛宴和“山水牛”精品牛排馆正在进行全国招商；另外将通过与银行系统、保险公司、金融类集团、豪华汽车集团等大客户进行合作，将山水牛品牌进行推广，提升品牌知名度，以达到提高营销收益的效果。可以说，在可预见的未来较长一段时间，山水牛牛肉的市场是乐观的。

（2）牛的安全风险防控

关于牛的生存保障问题，这里主要强调的是人为因素造成的牛生存保障问题。如何避免所饲养的牛被老百姓杀了、吃了，或者饲养不当导致牛生病致死？最大的保障机制就是保险。保险公司介入，给每一头牛投保，政府承担 80% 保费，合作社承担 20% 保费，保险的第一受益人为龙头企业。此外，广西山水牛畜牧业有限责任公司还采取五大措施对牛只的生存进行保障。一是政府投资，公安介入，为每个参与认养帮扶的合作社安装视频监控系统，确保牛只的防盗和养殖安全的监控；二是龙头企业对参与认养的合作社开展定期饲养培训，每两个星期安排技术人员到合作社巡检和服务；三是积极开展突发、临时性的服务，合作社（农户）在遇到技术方面的问题需要帮助时，龙头企业技术人员将在不超过4 小时的时间内赶到现场进行救援服务；四是牛只的饲料安全方面，龙头企业为合作社供应公司生产的优质饲料，确保牛只饲料安全。

（3）资金管理风险防控

帮扶者的资金进入到产业链之后，每一笔的使用、开支都是公开、透明，并且处于过程监管之中的。社会和个人资金被汇入由财政局等相关部门监管的广西山水牛畜牧业有限责任公司专用账户，县财政局、开户银行以及广西山水牛畜牧业有限责任公司对认养专用账户签订三方共管协议，由三方签字确认后，将帮扶资金直接支付到牛只供应单位，并按月向社会公布认养帮扶资金使用情况。同时，在“广西山水牛认养帮扶平台”上框定贫困户数量和认养帮扶资金，由广西山水牛畜牧业有限责任公司根据贫困户数量、帮扶任务完成情况、帮扶资金匹配情况、牛只供应量情况等及时向社会发布信息，一旦达到框定的目标数量立即停止接受社会帮扶资金。

此外，募集的社会资金到账后，广西山水牛畜牧业有限责任公司利用这笔钱采购的牛只都会有唯一的标识（耳标），牛只从采购到出栏再到屠宰的一系列进程都可通过耳标进行追溯。广西山水牛畜牧业有限责任公司回购贫困户牛只时，需向财政局提交申请报告，说明数量、耳标编号、贫困户主、售价等，回购完成后，五个工作日内将回购牛只的认养帮扶本金统一存入专用账户，由广西山水牛畜牧业有限责任公司对回购牛只的认养帮扶本金进行专项核算，认养到期后由公司向财政部门提出申请，将资金退还认养帮扶者。在为帮扶者配送牛肉方面，广西山水牛畜牧业有限责任公司需根据需要配送牛肉的价值量向县财政提供相关报账材料，县财政局审批后，方可将消费帮扶资金从专用账户转到公司基本户，由公司用于牛肉分割包装费用、物流冷链、日常运营等。

此外，帮扶资金专户形成的利息收入作为上林县扶贫基金，由县政府相关部门审批使用，专项用于上林县精准扶贫及乡村振兴工作。

1.3 案例推广：合作养牛扶贫项目的可复制性探讨

合作养牛扶贫项目在特定条件下存在一定的可复制性。但由于隐藏在产业扶贫背后的是扶贫济困的社会道德逻辑与产业发展的市场化逻辑的矛盾，两种逻辑之间的张力与冲突增加了产业扶贫项目失败的风险。①

① 许汉泽，李小云．精准扶贫背景下农村产业扶贫的实践困境——对华北李村产业扶贫项目的考察［J］．西北农林科技大学学报（社会科学版），2017，17（01）：9－16．

关于产业扶贫模式的研究，一些学者研究认为，产业精准扶贫是一个共同参与的过程。通过政府引导、企业管理、村两委参与，促进贫困户参与生产过程，就产业过程中的事项达成共识，促进贫困户的公民精神培育、实用技术掌握和思想观念转变。[①] 也有学者认为，在产业扶贫过程中，建立农业企业、农民专业合作社、农业协会参与扶贫开发的准入制度，打造一批经济实力雄厚、管理经验丰富、拥有一定社会责任感的组织参与产业扶贫，真正发挥好以强带弱的作用。[②] 因此，在推广合作养牛扶贫项目的过程中，需要吸取产业扶贫核心经验，因地制宜。除了政府的带头、引领作用以外，龙头企业的带动、一流的技术以及成熟的市场环境、合适的自然环境等客观条件也尤为重要。

“今年我养牛，明年牛养我。”这是上林养牛农民经常挂在口头上的一句最自豪的话。养牛成为当地贫困家庭最大的希望、最大的产业，它将带动更多农民实现自己的理想，满足自己对美好生活的追求。

在广西上林通过发展养牛产业来推进精准扶贫的模式中，所有的努力都指向同一个方向，那就是贫困户，贫困户是这个模式的初衷，是核心，让贫困户脱贫致富是这个模式最重要的目的和

① 刘建生，陈鑫，曹佳慧．产业精准扶贫作用机制研究［J］．中国人口·资源与环境，2017，27（06）：127－135．

② 李博，左停．精准扶贫视角下农村产业化扶贫政策执行逻辑的探讨——以Y村大棚蔬菜产业扶贫为例［J］．西南大学学报（社会科学版），2016，42（04）：66－73，190．

意义。

这个模式得以成功运作，必须具备几个条件：一个是成功的政府顶层设计，搭好一个条件充裕的舞台；二是较成功的市场主体，它的市场行为可以适应、满足市场需求；三是成熟的技术，即可以培育、生产出一流产品的核心技术；四是合适的自然条件和不甘贫穷、积极追求脱贫的劳动者。这几个条件缺一不可，必须同时得到满足。

而要使得这个模式成功有效地运转，最重要的因素无疑是其中的龙头企业，它是项目安全平稳推进的关键一环。以该养牛扶贫项目中的龙头企业广西山水牛畜牧业有限责任公司为例，其为一家以肉牛养殖为基础，打造全产业链，产业圈融合，运用新零售体验营销的现代化农业龙头企业，在当地党委和政府的大力支持下，依靠国家的政策、资金的大力扶持，近年来，取得快速发展，先后获得国家科技部“星创天地”、“四星级生态养殖场”、富硒农产品认证、无公害农产品认证、自治区龙头企业、“国家知识产权优势企业”、国家知识产权标准化认证等荣誉。公司拥有饲料、有机肥、养殖技术、肉品质提升百余项发明专利，接下来将逐步实现从山水牛产业到山水牛产业链的提升，从单一牛肉品种到整个产业生态圈的提升。2019 年，该公司已经发展成为广西规模最大的肉牛养殖企业。

经过这些年的快速发展，广西有不少类似广西山水牛畜牧业有限责任公司这样有实力的农业龙头企业，在农业生产的技术上也不乏先进之处。此外，从地理环境和生存条件上来说，在广西集中大面积贫困发生区域的桂西北、桂北等地，不管气候条件、生态条件、环境条件还是农民的生产生活方式和习惯，都跟广西上林差别不大，比如附近的马山、大化、天等、都安等地，这些区域都可以发展类似的养殖产业，带动农民脱贫增收致富。因此，只要当地政府下决心，把社会各界动员起来，发挥社会各界的主观能动性、积极性和创新性，因地制宜开展产业扶贫，特别是通过协同管理将贫困农民动员起来，纳入扶贫产业发展链条中的关键环节，使其变被动为主动，那肯定会取得意想不到的效果。

习近平总书记强调，打好脱贫攻坚战，要结合本地实际，因地制宜，充分挖掘和发挥本地特色。[①]

如果具备上述的要素，广西上林这个合作养牛扶贫的项目是可以复制的、容易推广的。从 2017 年开始，位于上林县西北方向的河池市都安县采取类似的养牛产业发展模式，至 2019 年，都安县的养牛产业扶贫已取得了一定成效。该县将养牛产业扶贫作为精准扶贫、促进农民增收的最大工程来抓。2019 年 5 月，全县养殖 1 万多头牛，覆盖贫困户 11000 多户。按照发展规划，2019 年 12 月，全县将实现户均养殖一头牛的规模。

广西上林合作养牛扶贫项目发展不仅具有其科学性、合理性、可持续性，而且具有一定的普及性，具备可复制条件。不仅在广西区内地理条件、经济社会发展水平相似地区可推广，而且在和

① 郝涛. 习近平扶贫思想研究 [D]. 湖南大学，2017.

广西交界的贵州、云南、湖南经济社会发展水平相当的地区亦有参考价值。

写作手记：

过去，广西不少地方也曾由政府动员，政府直接出资，尝试在贫困地区发展养殖业、种植业，帮助贫困家庭实现脱贫致富，比如养牛、养羊、养兔、种核桃等果树等，但因为政府资金不到位，或者政府政策不健全、不合理、不持续，或者企业的原因、市场的原因、技术的原因、贫困户自身的原因等多种因素，很多地方的扶贫尝试最后都不了了之，有头无尾，或者虎头蛇尾，不仅“有疾”而终，而且不少所谓扶贫措施还留下了劳民伤财的问题，群众怨声载道，至今还影响某些贫困家庭的脱贫致富。贫困，依然在以各种版本年复一年地不断上演；政府的扶贫，也涛声依旧，依然在重复昨天的故事。

现在，广西上林县的养牛产业形成的社会帮扶出资、龙头企业牵头、政府扶持监管、合作社具体运营、贫困户积极参与的这样一种模式也是经过多年摸索探讨出来的。与以往不同的是，这个模式的成功之处在于：资金、政策到位，强大的龙头企业自始至终把控着整个产业链，还有成熟的、极具潜力的市场以及先进的技术，更重要的就是贫困农民自身的积极参与。脱贫攻坚，坚持走群众路线，把最广大人民群众最广泛地动员起来，这是一个具有鲜明中国特色社会主义特点的扶贫模式。各方动员，全社会参与，特别是贫困户成为其中重要的一环，是这个模式的最大特点。扶贫，更要扶志，人穷志不短，就一定能摆脱贫困，走向富裕。只要我们大家齐心协力，不放弃，不抛弃，“但干好事莫问前程”，坚持不懈，不为一时困难所困扰，就一定能取得脱贫攻坚这场伟大战役的彻底胜利，就一定能够实现中华民族伟大复兴的中国梦！

第2章

构建系统性扶贫工作体系

——广西财经学院定点帮扶村靖西市魁圩乡康和村脱贫的工作体系

随着“精准脱贫”战略的深入实施，脱贫攻坚任务取得了显著成效。据有关统计数据，按现行国家农村贫困标准测算，2013—2016 年，我国农村贫困人口由 9899 万人减少至 4335 万人，年均减少 1391 万人；2017 年末，我国农村贫困人口 3046 万人，比上年末减少 1289 万人。但是，我们也要清醒地看到，扶贫工作取得显著成效的同时，一些深层次问题也随之出现，特别是农村地区和民族地区困难群众“精神贫困”问题越来越突出，“等、靠、要”等惰性思想严重，如不少贫困户把发的进口种羊转手就杀了当下酒菜，“拿到钱就花，分到养的鸡、鸭、猪就吃”，有的贫困户要求直接给钱，甚至有要求扶贫干部“发个媳妇”这样令人啼笑皆非的事发生。这些现象看似笑话、小事儿，实际反映出了很多深层次的精神贫困问题。物质贫困不可怕，怕的就是精神贫困。“治贫先治愚，扶贫先扶智。”习近平总书记在 2016 年东西部扶贫协作座谈会上强调，摆脱贫困首要并不是摆脱物质的贫困，而是摆脱意识和思路的贫困。扶贫必扶智，治贫先治愚。贫穷并不可怕，怕的是智力不足、头脑空空，怕的是知识匮乏、精神委顿。脱贫致富不仅要注意“富口袋”，更要注意“富脑袋”。因此，脱贫攻坚要充分激发群众的积极性，充分发挥其“智”的作用，只有“立志扶智”才能彻底帮助贫困群众真脱贫、脱真贫。实践证明，只有“扶志”才能培育贫困群众自力更生的意识，激发困难群众脱贫的信念，只有“扶智”才能增强贫困群众自我脱贫的能力，增强自身造血能力，拔除穷根，才能推动扶贫工作从“输血”转为“造血”，从解决困难群众物质贫困提升至解决精神贫困的深层次贫困问题。广西财经学院在靖西市魁圩乡康和村的精准扶贫工作就经历了从物质扶贫到精神扶贫，从“输血”到“造血”的转变提升过程。

2.1 案例记录：康和村概况

靖西市魁圩乡地处广西、云南两省（区）交汇处，东临德保县敬德镇和扶平乡，西连那坡县龙合乡，南与渠洋镇接壤，北临百色市右江区，距离靖西市区 53 公里。康和村为魁圩乡下辖的行政村，是广西 5000 多个贫困村之一。该村所处地区为岩溶山原地貌，大多为岩溶峰丛，峰丛陡而缺土，储水能力差，地表常年缺水，地下岩石密集，钻井难度大、成本高，人畜饮水极为困难，属于典型的“等天下雨、靠天吃饭”的贫困村屯。截至 2017 年底，虽然全村 12 个屯已经实现了屯屯通水泥硬化路，但部分边远屯的路途还是比较远，山多路陡，村内交通不便。

受历史和地理环境、经济、文化等诸多因素影响，长期以来，康和村群众住房高、大、黑，生活环境脏、乱、差，农村贫困面大，致贫原因多，贫困程度深，脱贫攻坚难度大，是广西扶贫攻坚的主占场之一。2015 年，广西财经学院选派第一批驻村工作队入户调查。调查显示，全村共有 12 个自然屯，23 个村民小组，493 户 2229 人。截至 2015 年底，全村文盲或半文盲 586 人，约占总人口的 26%；初中（含）以下文化程度 1450 人，约占 65%；高中（高职、中专）150 人，约占 7%；大专以上文化程度 38 人，约占 2%。全村农村劳动力共 1356 人，外出劳动力 648 人。全村耕地总面积 126.13 公顷，其中水田 35.47 公顷，旱地 90.67 公顷，人均耕地面积 0.062 公顷；林地面积 480.7 公顷。受地质条件、水资源等因素影响，该村产业经济单一，缺乏规模产业和特色产业支撑，种植业以水稻、玉米、红薯和黄豆为主，养殖业以猪、牛、羊为主，养殖模式以单一散养为主，群众经济来源主要靠劳务输出，年人均纯收入 3985 元，全村贫困人口共 119 户 486 人，贫困人数占全村人口数的 21.80%。康和村致贫原因除了受先天的自然环境因素以外，更多地源于受教育程度低、财经素养缺乏。根据广西财经学院财经素养中心 2018 年调研报告，70% 的受访者收入依靠于打工，95% 以上的受访者不懂金融理财，绝大部分家庭不懂得将家庭收入用于扩大财富再生产，相当部分家庭对教育重视不够，在 139 户家庭中共 204 名孩子辍学，辍学现象严重。从精神文明情况看，村内老龄化、“空巢”化现象严重，部分群众精神追求缺失，信仰扭曲。存在贫富差距拉大造成心理失衡，攀比心理严重，讲排场、比阔气，集体主义精神淡漠等现象。为此帮扶建议：一是扶贫先扶志，扶志先扶智；二是提高贫困户的财经素养；三是扶贫工作从以“输血”为主转为以“造血”为主；四是重视教育，杜绝辍学。2016 年，该村和广西财经学院以及靖西教育局、靖西林业局、中车集团等单位结成定点帮扶关系。截至 2016 年年底，全村脱贫 98 户 419 人；2017 年，脱贫 10 户 40 人，并于同年底整村脱贫出列。

2.2 案例分析：康和村扶贫工作整体架构

《2018 年农民工监测调查报告》表明，2018 年农民工总量为 28836 万人，仅比上年增加 184 万人，增长仅 0.6%，较历史数据偏低；在外出农民工中，进城农民工 13506 万人，比上年减少 204 万人，下降 1.5%。[①] 那么，农民工究竟到哪里去了？由此看出，扶贫不仅仅是扶经济，帮助农民物质生活脱贫，更是重塑农村基层的工作格局和顺应农民需求的工作定位，树立农民的农村文化自信，促进产业在农村落地生根。

与康和村结成帮扶关系后，广西财经学院第一书记深入调研村情，走访村里干部群众，认真分析村情，精心谋划帮扶计划。2015 年 10 月学校开始正式启动帮扶计划，按照“完善基础设施、夯实产业根基、强化扶志扶智”的扶贫思路，大力筹措扶贫资金，精心选派扶贫干部，努力引导群众发展特色产业，积极开展教育扶贫，逐步探索出一条从物质扶贫到精神扶贫，从“输血”到

① 国家统计局. 2018 年农民工监测调查报告［EB/OL］.（2019 - 04 - 29）［2019 - 12 - 30］. http：//www. stats. gov. cn/tjsj/zxfb/201904/t20190429_1662268. html.

“造血”的群众整体脱贫之路，有力激发了群众脱贫致富的内在动力，加快了脱贫攻坚的进程。

2.2.1　组织扶贫“立”起来

（1）组建坚强有力的村“两委”班子

“帮钱帮物，不如建个好支部。”脱贫攻坚工作的顺利开展离不开各级党组织和政府的带头示范作用，特别是和群众联系最紧密的基层党组织。当前，相当部分的地方基层组织涣散，管理工作混乱，干部思想觉悟不高，担当作为精神不够，干事创业激情不足，致富本领缺乏，优亲厚友严重，利益分配不公，遇事躲着走，碰到矛盾和稀泥。基层党组织的先锋模范作用和战斗堡垒作用如何直接影响着党和国家扶贫政策的贯彻落实，决定着扶贫工作的成效。为此，组建坚强有力的村“两委”班子，培养打造一支作风过硬、技能过硬、群众信得过的干部队伍就成为做好扶贫工作的首要任务。2015 年，学校选派的第一书记到任后，协助村“两委”开展了班子成员改选，通过深入走访，开展思想动员，将村里思想觉悟高、致富本领强、群众威望高的人充实到村“两委”。同时，在健全完善制度上下功夫，建立健全了村支部和村委会议事规则和决策程序，建立党员学习和组织生活制度，推行村务公开制度，坚持和完善村党支部、村委会工作制度，建立健全监督委员会，加强群众监督，完善村规民约。严格执行村“两委”会议制度，对涉及村里发展的重大事项、计划等定期、不定期研究讨论，如贫困户精准识别确定、低保专项整治、美丽乡村、人大代表选举等。坚强有力的村“两委”班子为脱贫攻坚工作打下了良好的组织基础和制度保障。

（2）加强村“两委”班子能力建设

首先，明确村“两委”班子的岗位职责，分屯分片管理，并将村“两委”分工情况在村政务公开栏公布。其次，加强班子成员的思想业务培训（见图 2－1）。从 2015 年开始，“两委”班子成员先后有计划、分批次赴广西大学、广西师范大学、广西民族大学、贵州兴义、北京市委党校等村党支部书记培训班学习。靖西市委组织部村（居）民委副主任培训班，“两新”组织党组织书记、党务工作者培训班学习，安排村“两委”赴同德乡实地学习考察。通过学习培训，“两委”班子进一步开阔境界眼界，提升思想觉悟，培养带动群众脱贫致富的能力，形成“培养一批能人，带动一方群众”的示范带头效应，为村里留下了一支带不走的干部队伍。

图 2－1　康河村党员活动

2.2.2　教育扶贫“站”起来

（1）大力开展扶志教育，激发贫困群众内生动力

扶志，扶的是思想、观念、信心、志气，激发的是贫困群众脱离窘困的意志。扶志要想方设法帮助贫困群众改变自卑自轻、自暴自弃的心理，抛弃故步自封、不思进取的精神状态，推动形成自尊、自信、自强的积极心态，树立战胜困难、摆脱困境的信心和斗志。为帮助困难群众深入理解党和国家真心实意为贫困群众谋求富裕生活的良苦用心，康和村大力宣传党的扶贫、脱贫政策。学校选派了政治素质过硬、业务工作能力强的“第一书记”，保证吃透、吃准中央、自治区党委的扶贫政策，落实落细各项扶贫政策。将异地搬迁扶贫、教育扶贫、产业扶贫等政策用通俗易懂的语言通过走村入户、宣传手册、QQ 群、微信群、宣传栏、展板、广播等方式进行宣传，确保每一位困难群众对党的扶贫政策清清楚楚、明明白白（见图 2－2）。

图 2－2　靖西市 2017 年贫困户享受扶贫政策一览表

除此之外，建立激励机制，通过梳理先进榜样，充分激发群众脱贫攻坚的内生动力。榜样的力量是无穷的，特别是群众身边的典型更能激发困难群众脱贫致富的信心和动力，使人警醒，逼人奋进。康和村充分利用“美丽乡村”建设活动，大力开展“精神扶贫”励志宣传教育，精心培育选树脱贫典型，大力宣传勤劳致富故事，努力营造“扶真贫、真扶贫”“贫穷落后不光荣，好吃懒做最可耻”的舆论氛围。让困难群众学有榜样、干有目标。同时，对脱贫代表、致富能手给予一定的物质奖励，以此鼓舞士气，号召广大群众特别是贫困群体向这些敢想敢干的致富典型学习、靠齐，从而激发贫困群众脱贫致富的信心和希望。

（2）突出加强扶智培训，增强贫困群众致富本领

教育扶贫既要注重“扶志”，更要强化“扶智”。扶智，扶的是知识、技术、信息，提升的是贫困群众脱贫致富的素质能力。群众的受教育程度、文化水平和知识技能与脱贫致富的希望密切相关，摆脱贫困需要智慧和能力。扶智要培养贫困群众具有一定的科学文化素质、实用的职业技能和较强的经营意识。然而，在一些贫困地区，群众教育观念落后，注重眼前利益，缺乏长远眼光，信仰缺失，观念扭曲，一些不良思想观念颇有市场，如“金钱至上”“干得好不如嫁得好”等，“读书无用论”等思想观念沉渣泛起。这些思想、价值观念严重影响着贫困地区的孩子。财经素养中心的调研结果表明，康和村贫困群众对教育重视程度不足、投入不够，辍学现象较为严重。截至 2018 年，该村所在的乡 939 户中有 139 户 204 名孩子辍学，当面临学费困难时，8.1% 的受访

者选择让孩子放弃读书。为此，康和村一方面加大控辍保学力度。村“两委”和扶贫干部及时入户排查和动员，2018年底，该村11名适龄辍学生除2名因为精神问题无法就读外，其他均已动员进入职业技术学校学习。同时，加大雨露计划扶贫政策宣传力度，扩大雨露计划培训扶贫的覆盖面。另一方面，开展农村实用技术培训。俗话说，“一技在手，终生富有”“千金在手，不如一技在身”。康和村积极动员群众参与党委政府组织的技能培训、农业技术培训、养殖技术培训，组织困难群众参加百色市金华职业技术学校、靖西职业技术学校开展的中式烹饪师培训、粤菜师傅培训，组织党员和致富能手参加市委党校开办的新型职业农民培训；邀请南宁师范大学、台湾生态农业协会、上海汉和生物科技有限公司等农业领域专家、学者来田间地头指导种养殖技术，举办技术讲座，开展种养殖技术培训（见图2－3）；组织赴化峒海生集团学习水果种植技术等。广西财经学院结对帮扶单位将科技、法律宣

图2－3　大力开展扶智教育

传手册发放给帮扶对象，提供科技、法律、安全等咨询服务。通过多措并举、以点带面，引导有致富意愿的家庭至少掌握一门致富技能，实现靠技术脱贫致富，保证贫困家庭有稳定的收入来源。

2.2.3 产业扶贫“富”起来

产业是兴业之本、脱贫之基，产业扶贫在农村扶贫攻坚中具有举足轻重的作用，是农村扶贫开发的重点。贫困地区群众要真正脱贫致富，离不开当地特色产业的崛起，缺乏产业支撑的扶贫注定不会持久。党的十九大报告指出，扶贫攻坚必须落实到产业扶贫上，才能实现真脱贫、脱真贫。许多地方都把产业扶贫作为精准脱贫的重要抓手或主攻方向大力推进，探索出了“公司+基地+农户”“合作社+农户”“通过资金、劳动力、土地入股企业分红”等多种产业发展模式，产业扶贫工作成效显著。康和村距离魁圩乡政府8公里，紧靠渠洋镇，有县道直达，交通便利，海拔约800米，气候适宜，适合种植柑橘类水果。围绕当地实际，根据靖西市大力发展桑蚕养殖的产业规划，康和村决定大力发展柑橘种植和桑蚕养殖产业，以创建现代农业产业示范园为抓手，大力加强农业基础设施建设，统筹推进农业产业现代化、集聚化、特色化，培育和壮大集体经济，示范和引领群众脱贫致富。

康和村桑蚕产业示范园建成于2018年1月，占地面积500亩，分两个区域：一是桑叶园区，一是养蚕专业园区。桑叶园区四面环山，地势宽阔，环境优美；养蚕园区背靠大山，地势较高，配套齐全，是发展养蚕及桑蚕加工产业、旅游观光休闲农业的好地方。近年来，为加快完善园区基础设施，示范园及周边已投资 200 多万元，通过脱贫攻坚项目立项方式建设配套水柜等基础设施、设备，完成了 6 个 700 平方米的大蚕房建设、1 个 300 平方米的小蚕共育室建设。园区采用“龙头企业 + 专业合作社 + 职业农民”的新型合作模式，聘请靖西市桑蚕办专家为园区技术顾问，聘请养殖经验丰富的带头人为园区技术骨干。园区积极采用现代生产工艺和经营管理方式，桑叶园区从桑叶种植到收割、管理均采用机械化、标准化模式生产；养蚕园区大力推广自动上竹养蚕技术、轨道式养蚕技术以及机械化摘茧技术，实现了种植、养殖、管理的机械化、标准化、规范化。园区还充分利用靠近渠洋湖景区的优势，将桑蚕养殖文化与乡村生态旅游有机融合，大力加强园区绿化美化，努力建设“宜居、宜游、宜富”的现代化美丽乡村。

按照园区建设规划，到 2019 年桑叶园区将达到 600 亩规模，养蚕园区将达到 3500 平方米，同时，计划将养蚕园区建成配有小蚕共育、蚕茧烘干、蚕丝二次加工等设备的优质桑蚕产业园区，打造一个集桑蚕养殖标准化生产基地，配套齐全桑蚕产业链（蚕丝被、蚕蛹酒等），旅游观光、餐饮服务、休闲度假等于一体的多功能现代农业示范园。初步估算，示范园预期每年可以种养蚕茧 3 个批次，产值约 1188 万元，年纯收入约 600 万元，经济效益可观，拓展桑蚕周边产业链后，经济效益将更可观。园区的建成将进一步提高康和村农业科技含量，提高农民收入水平，改善农村生态环境，优化农村产业结构，成为带动群众脱贫致富的“聚宝盆”。

通过示范引领，康和村还利用适宜种植柑橘类水果的气候优势，扶持了一批水果种植户。例如，村民黄照发积极响应政府号召，2016 年种植沃柑 50 亩，两年来在专家的指导下，不断钻研沃柑种植技术，寒来暑往，辛勤劳作，2018 年 50 亩沃柑喜获丰收。利用农业种养殖混合技术，他还在果树下养殖生态鸡，目前已经投放了鸡苗 200 只。在他的示范带领下，周边群众纷纷来学习种植技术和经验，形成了一批种植致富能手，推动形成了良好的互动局面。

2.2.4 文化扶贫“活”起来

贫困地区落后的思想观念是制约贫困地区经济文化发展的重要原因。文化扶贫可以开阔贫困群众视野，增强其致富本领和文化自信，激发农村社会的内在活力。因此，实施文化扶贫对改造精神贫困、遏制返贫现象、阻止贫困代际传递、增强自我发展能力等具有重要意义。

大力实施文化扶贫。康和村紧紧抓住建设“美丽乡村”的有利时机和政策优势，进一步完善文化产业基础设施；利用广西财经学院 13 万元专项帮扶经费建设了大远屯篮球场；向社会筹资 1 万元资金用于资助大学生读书及完善基层文化资料及体育设施；开展“村屯绿化”专项活动，在村屯的道路两旁、农家房前屋后等广泛种植绿化树木；开展“饮水净化”专项活动，投入资金 160 万元，实施人畜饮水工程，解决了 64 户 300 多人的饮水问题；开展“道路硬化”专项活动，目前，全村基本实现了屯屯通水泥路，巷巷有硬化道路；启动厕所改造项目，完成 108 户村屯厕所改造任务；开展田园和村屯大清洁行动，整个村屯面貌焕然一新。

积极加强精神文明建设。深入推进社会主义核心价值观教育和优秀中华传统文化教育。大力宣传学习党的政策，宣讲民主法治、传统美德、家训家风等，进一步坚定脱贫致富的决心和信念。改变贫困群众的“懒汉”思想，补齐群众“精神贫困”短板。广泛开展村民公约教育，充分发挥村民议事会等群众自治组织的自律监督作用，修订完善村规民约，开展乡风评议活动，引导村民移风易俗，改变不良习俗，反对封建迷信，消除邻里矛盾，形成群众自我教育、自我服务、自我监督的自治管理机制。积极开展文化下乡活动，广西财经学院组织开展大学生暑期“三下乡”社会实践活动，组织“美丽广西·清洁乡村”文化下乡服务团、青春扶贫实践团等，通过文艺节目宣传扶贫政策、法律知识等，组织编排具有浓郁地方特色的文艺节目，让社会主义精神文化、核心价值观传播到乡村的各个角落（见图2-4、图2-5）。

图2-4　广西财经学院组织开展大学生暑期“三下乡”社会实践活动

图 2－5　通过文艺节目宣传扶贫政策、法律知识

2.3　构建系统性扶贫工作体系的经验和推广条件

关于构建系统性扶贫工作体系，国内已有不少相关实践经验及理论研究。有学者利用演化博弈理论和数值仿真方法，建立政府和农户间的演化博弈模型，分析对产业扶贫项目补贴、贷款失信惩戒、科技培训三种扶贫政策工具及其组合影响农户扩大生产规模的动态过程。结果表明，三种扶贫政策工具合理组合对农户的激励效果最佳。[①] 这不仅有助于推动农户从传统的维持生计的方式转为生产经营，而且随着农村地区信息化的普及、公共基础设

① 童洪志．扶贫政策工具组合对农户扩大生产规模经营的影响机制研究［EB/OL］．中国农业资源与区划：1－9（2019－04－26）［2020－05－23］．http：//kns.cnki.net/kcms/detail/11.3513.s.20190426.0903.008.html.

施的完善，农户通过不断了解信息及提高农业生产技能和经营能力，也能自发进行规模化特色产业，实现稳定增收。在实践中，中国华电承担了新疆阿图什市和乌恰县两个深度贫困县的定点扶贫工作，利用电力为主业的优势建立扶贫电站，建设卫生院以完善当地医疗设施，积极参与实施贫困地区特色产业提升工程，发展对贫困户增收带动作用明显的种植养殖业、林草业、农产品加工业、休闲农业和乡村旅游产业等，通过一系列组合手段推动脱贫工作。[①] 有学者对井冈山的产业扶贫经验进行了研究。井冈山通过红色旅游，发展井冈蜜柚、黄桃、猕猴桃等当地特色农业的方式，实现多元产业融合，并带动创业、就业，激发群众脱贫内生动力。[②] 综上所述，整合各方资源，构建系统性扶贫工作体系，其根本目的都是为了激活贫困地区群众脱贫的内生动力，对扶贫工作的战略发展方向及实施效果有十分重要的影响。

2.3.1　构建扶贫工作体系的主要经验

（1）用足扶贫政策

为助推扶贫工作，国家和自治区政府出台了土地、产业、教育、科技、文化、经济、金融等各种扶贫政策。如何用好各种扶贫政策，既考验着扶贫干部的能力水平，也是检验扶贫效果的重要途径。为此，康和村两委班子下足功夫，吃透扶贫政策，在用

---

① 中国华电政策研究室．精准施策打出扶贫“组合拳”［N］．中国电力报，2020－04－18（002）．

② 黄斌．井冈山市打好产业扶贫组合拳 激发群众脱贫内生动力［J］．老区建设，2019（11）：63－65．

足、用活、用好扶贫政策上持续用力。一是用活产业扶贫，强“造血”。利用产业、金融、土地等政策，做大做强现代农业产业园。二是用活社会扶贫，重“输血”。充分利用帮扶单位的优势，积极倡导社会力量参与脱贫大业，助推脱贫致富。三是用活科技扶贫，促引领。通过科技扶贫政策，实现专家、农户有效对接，推动农业技术向现实生产力转变。四是用活金融扶贫，强支撑。强化与金融机构对接，大力宣传引导贫困群众因地制宜发展产业，为贫困户“量身定制”产业发展规划，用好用活产业扶持周转金和扶贫小额信贷，为困难群众发展种养殖业提供资金支持。五是用活教育扶贫，拔穷根。康和村始终坚持扶智优先，利用教育政策，组织开办各类培训学习。严格执行教育扶贫政策，严格控辍保学，为阻断贫困代际传递奠定基础。

（2）打好组合拳

扶贫工作是一项长期工作，面广量大，任务艰巨，没有各级党政机关、企事业单位等在人力、物力、财力上的大力支持，没有社会各方的共同参与和配合，脱贫攻坚只能是镜花水月。为打好脱贫攻坚战，实现2020年全面建成小康社会的战略目标，党中央、国务院广泛动员各级政府、企事业单位等力量参与，营造全民参与扶贫、人人参与扶贫的环境氛围。多方参与协同管理，将有效动员社会各方力量广泛参与，有力推进脱贫工作的进展。康和村大力加强扶贫单位之间的协作，充分发挥政府、高校、企业优势，充分利用产业扶贫、教育扶贫、文化扶贫等，加快群众脱贫进程。

（3）念好产业经

发展特色产业是提高贫困地区农户自我发展能力和实现长期脱贫的根本举措。扶贫实践中往往面临贫苦农户收入水平低，导致发展规模性特色产业时存在资金压力，以及农户自身文化水平较低导致经营思路不明确等障碍。此外，发展特色产业具有周期长、投资大等特点，依靠农户自身往往难以实现。面对这些情况在政策扶持的基础上，应充分利用在农业生产经营中的补贴、贷款、培训等针对性措施推动农户发展特色产业实现脱贫。扶贫工作是一项综合性工程，既要大力发展产业，引导困难群众摆脱物质贫困，也要实施文化扶贫，立志扶智，让困难群众摆脱落后思想观念的束缚，树立自尊、自立、自强意识，培养脱贫致富的能力和本领，还要做好教育扶贫这个阻断代际贫困传递、拔除穷根的根本。只有充分发挥物质扶贫和精神扶贫相辅相成、相互促进的作用，才能真正带领群众脱贫致富。康和村紧紧抓好产业扶贫这个根本，利用各项扶贫政策，大力发展种植业和养殖业，建立现代农业产业园，念好产业扶贫这本经，为群众脱贫致富、实施文化扶贫等奠定了坚实的物质基础。

2.3.2　康和村扶贫工作体系的案例推广价值

康和村脱贫攻坚的工作思路和主要做法具有典型性，是全国广大农村边远贫困地区脱贫工作的真实写照。从康和村的自然资源禀赋、经济社会发展程度、教育文化水平看，它是千千万万个农村边远贫困地区的典型代表。在脱贫攻坚思路上，康和村采用了“完善基础设施、夯实产业基础、强化扶志扶智”的路子，并没有过于突出的其他扶贫策略。但是在具体做法上，它又有自己独特的地方：一是在夯实村“两委”班子素质，做好顶层设计准备，紧密联系群众，起到带头示范作用；二是用足、用活、用好扶贫政策，充分利用扶贫政策开展扶贫工作；三是因地制宜，充分利用自身优势发展特色产业；四是擅于整合资源，充分利用各帮扶单位优势助力自身脱贫工作。可以说，这套既平常又独具地方特色的综合脱贫工作思路，特别是在发展现代特色产业、立志扶智上为其他地区提供了有益借鉴，具有较强的可复制性。该村的沃柑种植、规模化养蚕已吸引了周边诸多群众前往学习。

2.4 构建扶贫工作体系的几个难点和对策

康和村的扶贫工作体系虽取得了一定成效，但是在实践中仍存在基础设施不到位、产业发展经验不足、管理水平不高等发展难点，因此，在进一步完善扶贫工作体系时，需要在以下几个方面加以重视。

2.4.1 加强统筹协调工作

康和村水果产业和桑蚕产业均已取得了良好的发展，进入快速发展局面，但其基础设施建设进度跟不上，桑苗种植和桑蚕养殖在规模上还不协调。由于大蚕房迟迟未能完工，桑苗种植出现供大于求现象，损害了农民的利益，挫伤了农民的积极性。今后在各类产业发展过程中要进一步加强统筹协调，加快完善相应的基础配套设施，推进生产持续有效的开展，保障农户的利益。

2.4.2　强化现代经营管理理念

发展现代农业产业，最重要的是运用现代经营理念，一要保障产品质量，二要确保产品销路。如果这方面处理不好，会严重挫伤产业发展和农民的积极性。树立现代经营管理和销售理念，提高现代经营管理水平应是以后工作的重要方向。

2.4.3　加大文化扶贫力度

通过多年的文化扶贫，康和村整体精神状态有了很大转变，村民中出现了很多自力更生、自立自强脱贫致富的典型代表。然而，村中依然有少量困难群众存有懒汉思想、“等、靠、要”思想等，甚至出现拒绝脱贫的诉求，个人家庭对教育重视不够，对教育的投入比例偏低，辍学现象还时有存在。因此，在完善扶贫工作体系的过程中，要进一步加大文化扶贫的力度，在完善文化产业基础设施的同时，通过“扶志”与“扶智”相结合，传播弘扬社会主义核心价值观，从根本上激发群众脱贫的内在动力，实现精神脱贫。

写作后记：

1. 广西财经学院后勤处副处长、康和村第一任第一书记韦帮得：

“一段扶贫路，一生扶贫人。时刻牢记第一书记使命，时刻关心人民疾苦，以真心换真情，以实干赢信任，当攻坚克难的奋斗者，不当怕见风雨的泥菩萨，在摸爬滚打中增长才干，在基层历练中积累经验。”

2. 康和村现任第一书记谭亮君：

“党徽照耀扶贫路，扶贫扶智暖人心，

脱贫致富靠产业，产业兴旺振乡村。

在以习总书记为首的党中央的正确领导下，在各级党委、政府以及广西财经学院的帮扶下，边远的小山村迎来了脱贫致富的新机遇，奔向了振兴乡村的康庄大道。”

第 3 章

贫困村的环境脱贫整治

——龙州县响水镇贫困村环境整改实践

3.1　案例记录：从“乱草堆”到“微花园”

我国自古以来就有环境对人的影响的认知，《荀子·劝学》有曰：“居必择乡，游必就士。”意思是说，君子居住必定选择风俗醇美之乡，交游必须接近贤德之士。贫困村风貌改造就是改善村民生产居住环境、激发村民生活热情的最直接方式。

3.1.1　案例概况

广场改造、平整土地、“三清三拆”，响水镇环境整改工作如火如荼。在开展农村环境整治工作后，响水镇全镇经过三个多月的奋战，成为广西崇左市整乡（镇）推进“四个好”宜居村庄建设示范乡镇之一。

响水镇位于广西壮族自治区崇左市龙州县东北面，全镇人口约 1.3 万人，管辖区域大部分属石山区，部分属丘陵地区，西面为原始森林，气候宜人，雨量充沛，盛产地菠萝和红瓜子。2019 年 7 月起，响水镇党委、政府牵头，发动、带领全镇民众，全民参与，全面推进该镇人居环境整治和乡村风貌提升工作，取得了良好的成效（见图 3－1）。

2019 年全镇全面覆盖 59 个屯（组），开展了乡村风貌提升改造工作，其中精品示范型村庄 1 个、设施完善型 4 个、基本整治型

54个。棉江村农美屯、红阳村那麦屯等屯荣获2019年崇左市“四个好”宜居村庄达标称号。响水镇多次在崇左市工作进展绩效核验中排名第一名。

图3-1 当地村民积极投身环境整改工作①

3.1.2 个案一：村民蒙群生主动出让建小广场地块

红阳村那麦屯碧水围绕、绿树成荫，风景怡人，那麦屯左邻宁明县天西镇，出行必须横渡左江。虽然有不利的自然因素，但那麦屯的10户贫困户已在2017年实现全部脱贫，靠的就是坚韧的“那麦精神”。在乡村环境整治中，“那麦精神”同样发挥了积极效应。

① 图片来源：毅志. 红阳村那麦屯正悄然大变样[EB/OL].(2019-06-06)[2020-10-20]. https://mp.weixin.qq.com/s/srlcvxTyIONoq6sktuJVgg.

为了建设供村民休闲锻炼的场所，在屯里已经没有公共空地的情况下，村民蒙群生第一个自愿让出约 800 平方米的私人小树林来建设小广场。影响到村容村貌的鸡棚，村民也纷纷自愿拆除建“微花园”。于是，面积约 800 平方米的小广场建成仅用了 10 天的时间，渡口扩建工程完工也仅用了 15 天时间。这是那麦 35 人的建设队伍每天不计报酬、顶着烈日辛苦奋战的成果。

通过村民两个月日夜的辛苦付出，那麦屯现在已经拥有之前不敢想象的休闲小广场、漂亮的渡口、美丽的石景林区、约 70 平方米的微花园、三条约 500 米的绿化带，还有家家户户门前屋后的小花园。

3.1.3　个案二:从拒绝拆除自家鸡棚到积极参与改造建设

红阳村那麦屯在风貌改造动员群众的过程中，一开始也遇到了一些困难，主要来源于村民对于环境整改工作缺乏足够的认知。例如，一村民在得知建村里的议事广场需要拆除自家的鸡棚时，表示“不能拆我的鸡棚”“拆了我的鸡棚，我在哪里养鸡”，村书记表示会另外找地方给她养鸡，但是村民仍然不放心，“那也不能拆我的鸡棚”。面对这些不理解，当地政府不断地说服开导，最终激发出群众潜藏在内心深处对美好环境的向往，动员工作一蹴而就。清拆工作只用了 2 天时间，成堆垃圾和乱搭乱建不见了，明朗的公共空间增加了。之前因为不理解农村整治工作而表示舍不得拆除鸡棚的女主人，看到这一切的变化，也自动加入建设队伍。随后，那麦屯村民群策群力、自发设计，每户出一到两人组成“建设突击队”，正式开始改造建设。他们每天早晨六七点钟开工，中午吃饭半小时，晚上五点半才舍得收工。经过短短3天的努力，一个议事小广场初见雏形，兴奋和幸福印在每个人的眼中。

3.1.4　个案三：外出务工人员自发筹款，齐心协力改造风貌

那麦屯有一个微信群，屯里每天的变化都发到群上，外出务工的人每天都能看到。有一天，外出务工的人自发捐钱，你50元、我100元地捐钱，表示：“我们不能为建设那麦出力，只能捐点钱给大家买点水，大家辛苦了！”在后续红阳各屯进行的“风貌提升”中，各屯也纷纷自发捐款，这时感觉不再是一个个村、屯，而是一家人，它的意义不能仅仅用金钱来衡量。

红阳村逐渐培育出了“那麦精神”，全村7个屯均完成了清拆工作，群众出工建设6000多人次，筹集资金85755元，建设“微菜园”“微果园”“微花园”300多处，红阳这个贫困村旧貌已变新颜（见图3－2、图3－3）。截至目前，已拆除废旧房、鸡棚、鸭棚、猪圈等9处共1000平方米左右；平整养鸡场地800平方米（划好区域集中养殖），清理鱼塘1个、污水处理池2个共20平方米（以小微景观方法处理生活污水），拆除停车场3处800平方米（全屯23辆车，统一集中停放）；建成党群活动广场1500平方米。

图3－2　红阳村新貌①

鱼塘改造前后对比

微菜园改造前后对比

图3－3　红阳村风貌改造后焕然一新②

---

①　图片来源：胡武志．那站·那站 那就一起“站”［EB/OL］．（2019－11－08）［2020－10－20］．https：//mp. weixin. qq. com/s/Z43zzlokC42AjZfDzMOvhA.

②　图片来源：nana. 以学促改求实效：响水镇开展镇级乡村风貌提升验收评比活动［EB/OL］．（2019－11－04）［2020－10－20］．https：//mp. weixin. qq. com/s/HTgU-ruc88T－RVt1paaMCvg.

3.2 案例分析：贫困村风貌改造过程中"认知—行动—情感"的强连接和显作用

有学者通过对北京市农村问卷调查研究发现，农村基础设施落后、村民生态环保理念薄弱、缺少参与式管理制度是农村人居环境治理中存在的主要问题，并提出除了政策支持外，要增强农户环保意识、实现农户参与式管理、完善农村基础设施等。[①] 国家统计局在对贵阳市农村人居环境的抽样调查中发现，在开展环境整治后，农村人居环境得到明显改善，生活垃圾得到有效治理，群众满意度、认可度较高，但是也存在问题，例如基础设施覆盖不足、个别村民环保意识不强、长效机制不健全等。[②] 20 世纪 90 年代，中国台湾地区开始推行城乡风貌改造运动，有学者研究发现，在改造过程中，台湾当局与县市地方的分工十分明确，台湾当局负责规则的制定与整体进程的推动，而项目的执行则完全依赖于县市政府、乡镇社区、社会团体以及民众。因此，地方主体地位的发挥，市政府的整合力与执行力是其中的关键。此外，民众热情的激发与地方意识的觉醒是地方主体地位发挥的基础。[③]

---

① 陈金汇，黄雷，何忠伟．北京市农村人居环境治理分析与展望［J］．农业展望，2020，16（02）：21－25．

② 刘颖，马龙．贵阳市农村人居环境研究［J］．理论与当代，2020（03）：26－27．

③ 周政旭．中国台湾"城乡风貌改造运动"及其对大陆农村人居环境建设的启示［J］．国际城市规划，2014，29（03）：110－116．

3.2.1　环境认知：激发村民对“脏乱差”的环境认知与改造愿望

认知心理学认为，知觉是确定人们所接受到的刺激物的意义的过程，这个过程来自环境和来自知觉者自身的信息，也就是知识。知识是通过图式来起作用的。所谓图示（schema）是一种心理结构，用于表示我们对于外部世界的已经内化了的知识单元。当图示接受到适合于它的外部信息时就会被激活。被激活的图示使人产生内部知觉期望，用来指导感觉器官有目的地搜索特殊形式的信息。它强调，人头脑中已有的知识和知识结构对人的行为和当前的认识活动有决定作用。也就是说，人的已有认知往往决定着人的行为。

改善农村人居环境，是以习近平同志为核心的党中央从战略和全局高度作出的重大决策。不同学者通过对北京、台湾等地农村地区的环境整治工作研究，均发现存在农村地区民众环保意识缺乏、环保理念薄弱的问题。[①] 响水镇主要通过以下两种途径提升村民环保认知、激发村民对环境的改造愿望：

（1）组织领导带头，提升环境整治工作地位

响水镇成立了由党政主要负责人任组长、村领导为成员的专门工作领导小组，每周召开工作推进会，研究解决有关难点和问题，制定符合响水实际的“响水镇开展农村人居环境整治和乡村

① 陈金汇，黄雷，何忠伟. 北京市农村人居环境治理分析与展望［J］. 农业展望，2020，16（02）：21－25.

风貌提升工作实施方案”，从顶层设计的角度制定切实可行的方案。在实施过程中，主要领导亲自过问、参与，对重点工作进行部署，并到现场监督实施情况。此外，响水镇将环境整治工作作为年度评先评优的重要依据，以此增强镇村党员干部的工作责任感和紧迫感，使农村环节综合整治成为全镇党员干部群众的共识。

（2）重视督查指导工作

通过在微信工作群每天“晒进度”，在“响水故事”公众号每周发布一个屯的整治效果的简讯，响水镇积极宣传村庄整治的先进典型，跟踪督办落后村屯。此外，还实行每月流动现场会制度，组织村领导、村支书主任、第一书记和屯长到现场做正面介绍和落后表态，推动全镇村屯整治工作的落实，确保整治工作如期达标。

3.2.2 组织引导：不断正向强化村民改造村貌的积极行为

有学者在对四川省 Y 县扶贫工作研究中，肯定了党组织的引导作用对于扶贫工作开展的重要性，他认为在 Y 县精准扶贫政策制定与动员中，党的核心地位得到凸显，党组织通过嵌入式的组织方式充分调动政府整体资源的投入，通过小组模式协调各部门，使其统一步调。[①] 对农村基层干部在扶贫工作中的作用的研究表明，农村基层干部要经常性地到百姓家中走访，和百姓进行有效

① 唐银彬，罗安．发挥党在政策执行中的领导核心作用——以四川省 Y 县精准扶贫政策执行为例［J］．管理观察，2018（05）：89－90，93.

地沟通，用心去倾听群众的诉求；严格遵守国家颁布的法令，结合不同地区农村的实际情况落实扶贫工作。这样不仅有利于提高农民的整体生活质量水平，而且能够推动农村经济社会的发展，为农村精准扶贫工作的实施打下良好基础。[①] 也就是说，党组织要充分发挥政治优势和组织优势，调动一切可以调动的力量，带领广大人民群众破解困难与问题。[②]

村级党组织是人居环境大整治和风貌提升的“先锋队”。在乡村风貌提升中顶层设计尤为重要，通过组织引导，可以不断强化村民改造村貌的积极行为。为此，响水镇做了以下几项工作：

（1）调整村屯党组织结构，打造真正能带领群众建设美丽乡村、敢于开展清拆工作的队伍。

（2）发挥各村村委、党委干部和党员干部组织和带头作用。村干部、党员先行带头搞好自家“三清三拆”工作，号召群众参与，对不想参与整治的农户，上门做思想工作，有效带动群众支持。

（3）充分发挥驻村工作队的推进作用。将环境整治作为驻村工作队员每季度述职评议的重要内容。红阳村第一书记充分发挥驻村优势，组织村“两委”和党员群众对那麦屯开展“三清三拆”，共拆除了38间危旧房，连续两个多月组织群众建设家园，多次得到市县领导的肯定。红阳村被评为崇左市“四个好”宜居村庄。

---

① 提文静．农村基层领导干部在推动精准扶贫工作中的作用研究［J］．决策探索（下），2018（02）：61．

② 刘国利．为什么要以党建引领扶贫［J］．人民论坛，2018（32）：64－65．

3.2.3 激活自律：帮助村民形成环境整洁的自律约束与生活习惯

响水镇注重发挥群众在环境整治中的主体作用，动员广大群众主动参与，变“要我干”为“我要干”，体现了政府积极主导、群众自主参与、社会多方支持的共建共享原则。具体体现为以下三个方面：一是注重政策引导，通过召开群众大会、举办扶贫电视夜校、干部上门做思想工作等形式，使农村环境整治政策家喻户晓，激发广大村民内生动力。二是注重对标先进。组织部分村干部和村民代表到先进乡镇参观学习，让村民亲身感受外地村庄整治的变化和好处，激发村民整治村庄的热情。三是注重整治重点。以“三清三拆”为主，聚焦农村乱搭乱建、乱堆乱放等问题，集中清理整治，村居环境得到极大改善，村民们切身感受到环境整治后的益处，更为积极参与环境整治。

3.2.4 营造氛围：表彰与树立榜样

农村地区环境整治牵涉千家万户，营造良好的环境整治氛围尤为重要。响水镇充分发挥舆论的先导作用，通过召开动员大会、举办以风貌改造为主题的农村文体活动、发放相关宣传资料等方式，营造村庄整治的良好氛围。例如，充分利用当地丰富的民俗习惯，依托歌圩节、中秋节等传统民俗节日，组织文艺宣传队演出，寓教于乐，提高村民参与乡村整治的积极性、主动性。此外，各村屯张贴环境整治公益广告、悬挂横幅、粘贴“门前三包”责任牌等也是开展宣传工作的重要手段。通过一系列的工作，响水镇形成环境整治提升“人人参与、家家行动、户户受益”的良好氛围。

此外，注重榜样的引导作用。广泛开展“最美庭院”“卫生文明户”评选，各村屯每月对示范户进行“红榜”公示，激励先进，充分发挥示范引领带动作用；把“门前三包”和“八要八不要”延伸到各家各户，营造文明村风的浓厚氛围。同时，与群众签订承诺书，明确各户门前屋后三包责任，对定期评比中环境好、保持好的农户家庭，通过村广播通报表扬，使农村环境卫生治理常态化，实现农村环境自我管理、自觉参与、自我维护。

3.2.5　长效机制：将风貌改造内化为乡约民俗

一般来说，长效机制是能长期保证制度正常运行并发挥预期功能的制度体系，而必要的措施与对策是确保农村环境长效保持的关键。

一方面，响水镇利用公益性岗位政策，把公益性岗位人员纳入所在村网格党小组，增加各村保洁力量，通过划分保洁责任区域、细化工作职责，实行网格化管理，全程参与环境整治维护；此外，结合正在开展的村规民约修订工作，把环境整治标准规定及奖惩列入村规民约重要内容，推行群众自治，规范群众的日常行为。

另一方面，响水镇通过节约成本、多方筹措，着力解决建设资金“瓶颈”难题。为调动群众积极性，激发村民自愿投工投劳，切实破解推进建设的资金问题，该镇坚持建管并重，建立长效机制。在各村屯落实屯内环境卫生责任制，划定每个农户的卫生责任区，建立村屯保洁员管理制度，实现长效保洁。各村开展风貌改造工作尽量发动群众投工投劳，避免大拆大建和资金浪费。同时，镇党委政府着力向上级部门、后援单位、社会企业争取资金和赞助，为风貌改造工作充实经费。①

3.3 案例推广

3.3.1 环境整治的必要性分析

环境是人类的生存空间，人居环境指的是人类工作劳动、生活居住、休憩娱乐、社会交往的场所，人居环境科学研究着重研究人与环境的相互关系。

农村的人居环境建设是解决“三农”问题中重要的一环，目前农村地区普遍面临生态环境恶化、基础设施落后、生产生活水平提升缓慢、地方特色与文化消失、地方精神消亡等严峻挑战。农村环境整治的必要性可以从以下几个方面体现：首先，改善当地景观风貌。中国农村地区的自然景观资源尤为丰富，拥有众多待开发利用的自然资源。若随意开发或不及时加以保护，

① 刘华恋. 响水镇：乡村风貌提升工作取得阶段性成效［EB/OL］.（2019-07-25）［2020-10-20］. http：//www.gxcznews.com.cn/lz/lzxxw/2019/07/653203.shtml.

负面影响是难以逆转的。通过农村环境整治工作，对农村的自然环境加以适度开发、保护，可以改善生态环境及村民的居住环境。其次，建设更高水平生活空间。新时代的农村建设对生活空间提出更高水平的要求，伴随日益增长的物质文化需要，村民对生活空间质量也有更高追求。让乡村成为生态宜居的美丽家园，既是实现乡村振兴的题中之义，也事关全面建成小康社会和广大农民福祉。最后，带动农村社会经济发展。

3.3.2　响水镇环境整改经验的可复制性探讨

综上所述，推广农村风貌改造需要有以下几个关键环节：

（1）注重组织引导的重要性，强化示范作用

首先，村党组织需要起到带头作用，通过组织引导，不断强化村民改造村貌的积极行为。其次，对于改造卓有成效的个人或组织给予表彰，例如开展“最美庭院”“卫生文明户”评选，着力培养农民良好的卫生习惯，营造文明村风的浓厚氛围。

（2）强调发挥民众与地方力量

中国传统农村地区形成了十分稳定的地方结构，在一定的地域范围内，形成了小规模的地域共同体，这是地方文化建设的中坚力量。但目前由于大规模的农村人口流入城市，这一地方文化建设力量正日益式微。因此，在农村风貌改造中，需要充分重视和强调发挥民众和地方力量。一方面，通过宣传手段，加强村民的认知及改造愿望；另一方面，激发村民形成自我约束和良好的生活习惯，实现农村环境整治的长远目标。

(3) 充分发展并利用自身固有资源[①]

一些乡村在改造及发展过程中盲目地追求经济发展，或刻意发掘创造“特色”，却忽略了利用自己原有的资源，形成了千篇一律的风格。尤其在自然资源方面，鱼塘、养鸡场等当地本身已有的资源可以加以充分利用，通过规划区域、清理养殖环境、设置污水处理池等方式，优化原有产业环境，在美化环境的同时提高生产效率。

(4) 充分结合当地特色民俗及非物质文化

农村地区普遍存在不同的民俗及非物质文化，在农村环境整治过程中，充分结合当地特色，如利用传统民俗节日开展环境整治宣传，可以提高村民参与环境整治的积极性和主动性，将会收到更好的效果。

(5) 建立长效机制，健全督查考核机制[②]

一方面，建立健全督查考核机制，将农村人居环境治理工作情况纳入各级、各相关部门责任目标，以考核为抓手，推动农村人居环境持久改善；另一方面，建立完善村庄环境治理长效工作机制，充分发挥村民自治和党员干部带头作用，组织村民投工投劳，把建设、管理、维护、改善人居环境转化为广大村民的自觉行动。

写作后记：

关于农村的印记，总是夹杂着一些凌乱的自然，或是傍晚升

---

① 谭抒茗. 乡村建设需考虑居民生活习惯［N］. 广东建设报，2012-08-14 (005).

② 刘颖，马龙. 贵阳市农村人居环境研究［J］. 理论与当代，2020 (03)：26-27.

起的炊烟袅袅，或是春天枝头新抽出的嫩芽，甚至是泥泞乡道上隐隐约约的“牛粪”气息。作为一个聚落，农村本质上饱含了人与环境相处的方式、习惯和追求，所以有了“暧暧远人村，依依墟里烟”，有了“开轩面场圃，把酒话桑麻”，也有了“山气日夕佳，飞鸟相与还”。在乡村振兴建设中，并非要把城市的种种生硬迁移到农村，亦非机械地复制优秀的案例，而应根据当地的特点，因地制宜地开展乡村整治工作。多学者对北京、贵阳、台湾等地区的农村整治工作调查研究表明，发挥地方政府主体作用、激发民众的参与度等手段，均有助于进一步开展农村地区的环境整治工作。

在龙州县响水镇，党委、政府牵头，举全镇之力，通过组织引导、强化认知、激活自律、营造氛围等方式，全面推进全镇人居环境整治和乡村风貌提升工作，实现了从“乱草堆”到“后花园”的转变，成为崇左市整乡（镇）推进“四个好”宜居村庄示范乡镇之一。人类的行为往往受到环境影响，在环境整治后，村民更会对脱贫工作充满信心。

第 4 章

“边贸扶贫”的可持续发展模式

——广西龙州县边贸扶贫实践案例分析

4.1 案例记录：“脱贫饭”不分国界

炎炎夏日，中越边境广西崇左市龙州县水口口岸的边贸市场呈现一派繁忙景象，当地居民开着一辆辆装载着东盟国家水果、坚果、冷冻海产品的小型货车鱼贯驶入货场，在完成查验申报等手续后，其中部分产品被转入当地的扶贫产业园，由当地居民就地加工后转往国内市场。曾经，边民每天坐在家门口，望着货车往来穿梭，载满货物后一车车穿街而过，如同看热闹。今天，场景更盛，不同的是，村民由“观众”变成了“演员”，切切实实尝到了“边贸扶贫”的甜头。

龙州县是广西壮族自治区崇左市的辖县之一，位于广西西南部，是中国面向东盟的重要门户和陆路通道，距首府南宁200公里，东邻崇左市江州区，南接宁明县、凭祥市，东北与大新县相连，西北与越南接壤，边境线长达184公里。龙州县是一座具有1290多年历史的边关商贸历史文化名城。1889年，龙州被辟为对外陆路通商口岸，是广西最早对外开放的通商口岸，也是我国与东南亚各国进行文化、贸易交往的重要门户。龙州县总面积2317.8平方公里，截至2018年底总人口27万。由于特殊的地理位置，龙州县在历史上经历过数次战争，导致经济发展基础薄弱，贫困问题突出。20世纪80年代，龙州县被定为国家扶贫开发工作重点县。龙州县在2018年8月份前，都还没有脱掉贫困县的帽子。边境村屯发展事关稳边、固边，边境一线扶贫意义重大。

根据广西壮族自治区人民政府2016年5月印发的《广西边民互市贸易进出口商品管理规定》，边民通过互市贸易进口商品，每人每日价值人民币8000元以下的，免征进口关税和进口环节税。然而长期以来，大多数边民缺少资金和门路，真正参与互市贸易的并不多；靠做搬运工，边民赚到的辛苦费极少。崇左市政府结合边境地区优势，利用国家边境贸易的优惠政策和自治区精准扶贫精神，以边贸扶贫为突破口，组织边民积极参与边境贸易，打造并完善“互助组 + 边民 + 企业 + 金融”模式，走出了一条边贸扶贫的新路子。边贸扶贫在龙州县取得了显著成效。龙州县2014年建档立卡贫困人口18167户67540人；到2017年，全县减贫10097户37554人，贫困发生率为由31.79%降至1.91%，达到国家贫困县退出标准。2018年8月国务院扶贫办宣布11省（区、市）40个国家扶贫开发工作重点县正式脱贫“摘帽”，广西壮族自治区崇左市龙州县就是其中之一。

4.1.1 个案一：边民谭梅红的“靠边脱贫”

龙州县边民谭梅红是龙州县水口边贸加工扶贫产业园内一家坚果加工企业的新员工。据她介绍，过去家里的经济收入主要靠种植甘蔗，全年收入仅为1万元左右，要养活五口之家是远远不够的。由于缺乏经济来源，家中有4人要依靠领取社会低保过日子。2018 年以来，水口边贸加工扶贫产业园内企业相继投产开工，优先向贫困户提供工作岗位，她便抓住机会应聘，成为坚果加工的企业员工。现在每天分拣坚果大概收入 60 元，要比过去稳定得多。“边贸 + 落地加工”成为龙州县边贸扶贫的新模式（见图 4 – 1）。

图 4 – 1 边民在龙州县水口边贸加工扶贫产业园食品企业对进口坚果进行粗加工①

4.1.2 个案二：越南籍边民冯氏玉享受“中国边贸扶贫实惠”

龙州县的边贸扶贫模式不仅让当地贫困民众吃上“脱贫饭”，还

① 许志平.“边贸 + 落地加工”成为龙州县边贸扶贫的新模式［EB/OL］.（2018 – 11 – 02）［2020 – 10 – 13］. http：//www. gxzf. gov. cn/mlgx/gxjj/zyjgmlq/20181102 – 720096. shtml.

惠及接壤的越南高平省等地的边境居民，越来越多越南民众赴龙州县边贸区务工，成为“跨国上班族”。“中国企业的工资待遇福利比较好，龙州离越南很近，边境居民语言相通，吸引了很多越南人过来务工。”越南高平省居民冯氏玉说。冯氏玉的家庭并不富裕，过去一直在越南务农维持生计。随着水口边贸落地加工产业的发展，边贸生产劳务需求扩大，2018 年 4 月，她获得了进入水口边贸加工扶贫产业园工作的机会。她每月工资收入约 2200 元，还可以享受医疗保障、包吃包住等福利。冯氏玉说，中国的边贸扶贫政策让她这个越南人开始脱贫了，以后她还想学习中文，希望能到更大的中国企业上班。

边贸扶贫不仅让国内边境地区的贫困户脱贫致富，中国的扶贫政策还惠及越南边民，戍边富民的边贸扶贫政策得到两国边民的一致称赞。

4.2　案例分析：“九员大将”显神勇

从经济学角度分析，生产要素是指投入生产经营活动的各种经济要素，包括劳动力、资本、土地、技术等，在边境贸易中，具体包括劳动力、特色农产品、边境土地等。合理配置生产要素，提高生产要素的综合投入产出效益，是促进国民经济发展的重要手段。龙州县的扶贫模式创新通过边民互助组、边贸运输队、边民装卸队、加工企业等 9 个主体的协同，发展边民互市互助发展模式、进口产品落地加工模式、边境经济合作区发展模式等，实现互惠共赢，使边贸经济存在自循环的能力。

4.2.1 小循环：构建边贸扶贫的产业链

龙州县发挥沿边口岸优势，充分利用边民互市贸易优惠政策，以边贸互市点为平台，发展边境小额贸易、边民互市贸易、边境加工贸易合作等多种经济形式，通过边民互助组参与互市贸易上下游产业的方式，充分发挥了互市贸易“真边民、真互市、真实惠”的功能，达到“边民增收、企业增效、财政增税、风险降低”的目标，提高了贫困户增收致富的能力，加快了贫困边民脱贫的步伐。

边民互市贸易，主要是以距离中越边境线20公里范围以内的边境居民为主体（持边民互市证，由县商务局发放），按照海关不定期发布的产品交易目录和价格，在边民互市市场内所从事的免税货物交易（每人每天限8000元人民币）。

边境小额贸易，主要是指个人或企业利用边贸互市平台从事海关允许的小额进出口货物交易，国家在税收上给予一定的减免或优惠，以促进边境贸易及互市的发展。

边境加工贸易，主要是指个人或企业以边贸互市为载体，对海关允许进出口的各种货物进行组织加工，提高产品档次，增加附加值，缴纳各种税收后作为商品进出口，以满足国内外市场的需求。[①]

---

① 中华人民共和国海关总署. 海关总署解读边境贸易政策［EB/OL］.［2020-10-13］. http：//fangtan. customs. gov. cn/tabid/301/Default. aspx.

当地居民笑称，龙州县边民在脱贫道路上有“九员大将”来相助（见图4－2）。

边贸扶贫组织	生产要素	发挥作用
边民互助组	劳动力	人力资源聚集与劳动力的激活
边贸运输队	劳动力	发展生产服务业，保障生产流通环节
边民装卸队	劳动力	发展生产服务业，保障生产流通环节
加工企业	技术	发展工业，增加就业岗位
边境小额贷款	资本	发展金融服务，保障资金需求
中越跨境水果种植	特色农产品	发展本地特色农业
电商平台	信息	利用互联网优势，拓宽销售渠道
边境安置点	土地	易地搬迁，拓展空间布局
园区项目建设	土地	拓展实体经济空间

图4－2 “九员大将”助力边贸扶贫

（1）一员大将：边民互助组

边民互助组在经济学关于生产要素的阐述中属于劳动力的范畴，是边贸扶贫产业链的基础环节之一，起到人力资源聚集与劳动力激活的作用。2015年以来，龙州县政府通过部分已经通过互市贸易先富起来的农村村干、经济能人，带动大部分的贫困的边民，包括老、弱、病、残等弱势群体参与互市贸易，激活边境劳动力，切实解决他们的增收问题。为增强边民抵抗风险的能力，政府可以组织边民结成互助组，改变以分散的边民个体作为申报主体，代之以边民互助组的集体形式作为互市的主体向海关进行申报，充分释放互市政策的“集合”效应，比如每 20 ~ 50 户结成一组。这不仅提高了融资信用额度，而且提升了交易规模，极大方便边境小额贸易和加工贸易的开展。

为确保贫困边民合理合法参与贸易，龙州县政府通过开办培训课堂、举行贸易政策知识讲座、进村入户走访等形式，给广大边民传输互市贸易政策，讲解从事互市贸易需要注意的事项，吸引更多边民参与贸易，确保中央各项惠边惠民政策的落实。另外，为鼓励贫困户边民积极参与互市贸易，龙州县针对建档立卡贫困户出台了一系列的奖补政策，让建档立卡贫困户主动参与互市贸易。政策规定，对年内参与 6 个月以上且互市贸易总额达 30 万元的贫困户，给予奖励 3000 元。截至 2018 年 9 月，全县共组建了 231 个互助组共 8152 人。

“自从加入边民互市专业互助组，不但能获得就业岗位，每月还有分红。我主要从事货物运输，每月能挣 2400 元，穷日子终于熬出头了！”2016 年 9 月 29 日，龙州县水口镇共和村贫困户农江华说。

（2）二员大将：边贸运输队

边贸运输队在生产要素中也属于劳动力的范畴，组建边贸运输队有利于保障生产流通环节，也有利于拓宽边民的就业范围，发展生产服务业。对于有驾驶技术并持有驾照的贫困户边民，政府鼓励其将贷款资金作为购车的本钱，购买运输工具加入边贸运输队，到互市贸易区（点）从事货物运输，提高收入。为解决贫困边民普遍缺少购置参与边民互市贸易运输所用的三轮车资金问题，县扶贫办积极争取扶持资金，通过“以奖代补”的形式，针对建档立卡贫困户互市运输的车辆（以三轮车为主）给予补助：只要每月参与互市运输 10 天以上的，每辆车补助 2500 元。截至 2018 年 8 月，全县已对 377 辆互市运输车辆进行了奖补，奖补金额达 99.845 万元。其中，2017 年 33 辆互市运输车辆接受了奖补，奖补金额 7.654 万元。

为规范边民互市贸易区车辆管理，督促司机安全驾驶，确保车辆安全运输，龙州水口口岸经济区管理委员会不定期地邀请交警大队队长及相关业务骨干举办交通安全运输知识讲座，对从事互市货物运输的三轮车、微型小货车及微型面包车的车主及贫困户车主普及道路运输安全规则并让其签订车辆安全管理责任书，要求车主遵守交通规则，文明行车、安全行车。从互市贸易区（点）至互市收购区路段，行车时速不得超过 40 公里/小时，杜绝安全隐患。

截至 2018 年 9 月，全县边民参与运输的备案车辆有 3731 辆（水口互市区 1798 辆、那花互市点 977 辆、布局互市点 956 辆）；贫困户参与互市贸易运输的车辆有 687 辆（水口镇 288 辆、下冻镇 372 辆、彬桥乡 24 辆、武德乡 1 辆、金龙镇 2 辆）。贫困户参与运输车辆数目占总运输车辆数的比例为 18.41%。

“参加边贸互助组，利用国家给予的边民每天交易 8000 元全免关税的优惠政策参与互市贸易，每天都有一两百元的收入，比种地和打零工强多了，还能照顾孩子。”在水口镇互市区，正忙着申报货品的贫困户谭金梅说，以前她和丈夫长期在外打零工，近几年才回到家乡，“我们俩都会开车，就筹钱买了一部三轮车，轮流驾车到这儿跑边贸运输。”①

（3）三员大将：边民装卸队

在生产运输中，装卸环节也可作为扶贫工作突破点。组织边民装卸队，既增加了生产要素中的劳动力，也可以进一步保障生产流通环节的顺利进行。对于缺乏文化知识、不会开车，但身体强壮的边民，政府引导他们加入边民装卸队。例如，每个队由 10 个边民组成，优先吸收贫困边民参与水口互市区、那花、布局互市点及二级市场从事货物的装卸。这些装卸人员会统一进行岗前培训，熟悉装卸作业应该注意的事项。例如，在车辆尚未停稳就位的情况下，不得上下车，装卸工人不得光膀、赤膊、穿拖鞋进行装卸，不得从事化学物品、放射性物品的作业。目前，龙州县参与边贸装卸的共 39 组 987 人，其中，中国工 99 人，越南工 888 人。

（4）四员大将：加工企业

一般来说，企业在扶贫链条中担当技术生产要素的角色，在发展工业、增加就业岗位上起积极作用。走进龙州县边贸扶贫产业园区，随处能听见一阵阵夹开心果的清脆声音，放眼望去，工人基本都是妇女和老人。“农闲时候我来这里打打工，每天能挣50～80 元。

① 刘伟，覃星星．“边贸扶贫”显边城特色［EB/OL］（2016－04－20）［2020－10－13］．http：//www.gxcznews.com.cn/xwzx/czyw/2016/04/458826.shtml.

在这里做工的都是附近边民，人数多的时候有上千人。”共宜新村边民周德勤说。随着边贸的快速发展，龙州边贸正从“通道贸易”向“加工贸易”转变，越来越多加工企业落户龙州边境一线。龙州县政府给予边境落地加工企业税收、土地、金融等方面的优惠政策，鼓励企业落地加工、投产建设。目前，龙州县鸿惠边贸市场服务有限公司、龙州县那花边贸城有限责任公司，布局商贸城、江南食品加工厂、广西龙州赞美实业有限公司、民之天食品厂已经投入使用生产。

同时，加工企业在生产过程中，也给龙州县五个边境乡镇提供了很多就业岗位。水口口岸经济区管委会（以下简称“口经委”）积极与园区负责人协调沟通，若有就业岗位会优先安排贫困户。园区企业有任何招工信息也会及时与县、镇政府或者口经委联系，招工信息会通过人社部门、第一书记、村委转告及帮扶人微信群推送等形式传达给贫困户，贫困户根据实际情况报名，面试，进行岗前培训再正式上岗。

据统计，园区提供给贫困户的固定岗位共 203 个、临时岗位 1020 个。其中，水口互市贸易二级收购市场提供固定岗位 26 个；鸿惠贸易服务公司提供固定岗位 26 个；那花边贸城提供固定岗位 46 个；布局商贸城提供固定岗位 24 个；龙州江南食品有限公司提供固定岗位 45 个、临时岗位 350 个；广西龙州赞美实业有限公司提供固定岗位 36 个、临时岗位 320 个；民之天食品厂提供临时岗位 350 个。这项措施有效解决了边民的就业问题。

（5）五员大将：边贸小额贷款

对于扶贫工作而言，资金的充足将对工作的有效性起决定性作用，这在生产要素中属于资本的范畴。边境地区可以通过小额贷款的形式发展金融服务，保障资金需求。距离龙州县水口口岸 1.5 公里的上灶新村，宋国海抓住边贸小额信贷的好政策，贷款 10 万元购买了一辆中型货车参与边贸活动，自己当起了小老板。利用边民互市贸易点每人每天可享受 8000 元免税额度的货物过境政策，他从越南买进腰果、核桃、桂圆等农产品，再把瓷砖、桌布等日用品卖到越南去，一进一出赚取差价，每月增收 5000 元。在上灶新村，涌现出了不少像宋国海这样的“边贸老板”，整村实现脱贫致富，45 户村民全部住进小洋楼。

龙州县政府通过边贸小额贷款发放及“三无”贷款优惠政策，解决边民从事互市贸易中缺乏资金的问题。由农村信用合作联社负责制作贷款流程宣传单，各乡镇、帮扶人对贫困户进行宣传。据统计，2013 年 7 月—2018 年 8 月，全县累计发放边民小额贷款 105333 万元，涉及 28218 户。其中，2017 年全年累计发放边民小额贷款 15271 万元，涉及 3754 户（贫困户贷款 1239 户，发放金额 4695 万元）。2018 年 1—8 月累计发放边民小额贷款 9515 万元，涉及 2054 户（贫困户贷款 319 户，发放贷款 1089 万元）。

（6）六员大将：中越跨境水果种植

特色农产品在当前也属于生产要素的范畴。发展中越跨境水果种植有利于因地制宜发展本地的特色农业，由于气候、土地资源的特殊性及本地农产品本身的独特性，加之龙州县及越南接壤地区劳动力成本低，发展特色农产品对于龙州县的产业可持续发展有着十分重要的意义。龙州县自 2008 年起即与越南开展种植澳洲坚果合作，由龙州县广西亚热带作物研究所试验站向越方提供坚果果苗，提供技术指导，由越方发展坚果种植。2016 年 4 月 18 日，在龙州“第一书记产业联盟”樸矩生态农业专业合作社里，举行了中越农产品种植合作项目中方联合投资合作签约仪式。龙州县下冻镇峡岗村樸矩生态农业专业合作社理事长苏旺亮介绍，本次合作项目的重点是卡拉丁柑在越南的种植以及酵素肥液的推广，实现零农药、零化肥生态种植。第一期试验示范基地为 10 公顷，第二期示范基地规划为 70 公顷，推广基地种植为 2 万公顷，合作期限 20 年。

越南高平省拥有丰富的土地资源，且土地租金和劳动力成本低，龙州县政府引导部分边民与越南边民合作种植甘蔗等热带水果，待果实成熟后经由互市贸易返销到国内市场实现增收脱贫。同时，县农业局积极对贫困边民进行农业技术支持，每当到甘蔗等水果成熟的季节，口经委负责与口岸联检部门协调，确保甘蔗等水果能够顺利通过口岸进口到龙州县糖厂进行加工。据统计，2015 年中越合作种植的甘蔗有 746.66 公顷，进口到县糖厂进行加工的达 6814 吨；2016 年合作种植甘蔗 689.33 公顷，进口到县糖厂加工的达 222 吨。

（7）七员大将：电商平台

信息作为当今重要的生产要素之一，在生产服务业中有着举足轻重的地位。电商平台的引入，将有助于边贸产业利用互联网优势，宣传本地特色产品，在增加知名度的同时也能拓宽销售渠道。以龙州特产菜刀为例，精致的纸盒上的“老龙州”几个字特别显眼，里面装着一把龙州菜刀，以及一份别具特色的简介，介绍龙州菜刀手工锻造的传统工艺。这样一份富有文化韵味的龙州特产，拍出照片放到网上销售平台，迅速获得广泛关注。作出此举的黎钿 2015 年下半年开始做龙州手工菜刀的网上销售。“这是特产，还有文化，所以销量不错。每个月能卖出 100 多把。”除了菜刀，龙州砧板、桄榔粉、柠檬辣椒酱、红茶等土特产也逐渐开始在各家电商平台露面。

龙州特产网上销售火热，也吸引着电商企业入驻龙州。唐国珍在上金乡老街开的杂货店，2015 年 9 月底成为“乐村淘”村镇电商平台线下体验店。在店里的电脑上，村民可以随时下单购买日常生活用品。电脑旁的货架上，展示着“乐村淘”村镇电商平台销售的各种商品，有洗衣液、卫生纸、食用油、电饭锅等。“乐村淘”龙州县公司以“乐村淘”村级体验店为基础，以乐村淘村镇 O2O 电商平台为推手，实现体验店的线上、线下交易，通过货品集中订单，集中发（收）货，降低物流成本，有效解决了农村物流“最后一公里”问题。2016 年 1 月 5 日，上金乡活灵村的苏华杰特地跑到唐国珍的杂货店，在“乐村淘”电商平台选购了一台电饭煲。“才 149 元，比较实惠。两天内杂货店的老板还将电饭煲送货上门，很方便。”

近年来，京东、苏宁易购、村邮乐购、“空店”等物流企业逐步覆盖各个乡镇，贫困户可以网上购物，最主要的是，可以通过电商平台销售纯天然古法制红糖，绿色有机水果蔬菜，越南货源的水果、坚果等产品。因为现在物流配送渠道畅通，可以全面实现快递到乡、配送到村。截至2018年9月，全县乐村淘签约了109个村镇体验店（边境乡镇有35个），“村邮乐购”70个站点投入运营。2017年全县电商企业线上交易额高达8000多万元，交易产品主要有古法红糖、桄榔粉、火龙果、木瓜、砧板、柠檬辣椒酱、乌龙茶、坚果、山黄皮、沙糕、食用菌、黑皮果蔗、早熟柑等优质特产。

（8）八员大将：边境安置点

边境安置点在生产要素上属于土地的范畴，其设置为易地搬迁提供了可能性，同时也拓展了空间布局。“水口口岸利用其边贸优势，鼓励易地扶贫搬迁户入驻，并为新移民提供工作岗位、经济补贴等各项优惠政策，帮助贫困移民人口就业脱贫。”龙州县口经委副主任赵华介绍，依托区位优势，政府在紧邻边境口岸和互市区（点）统一规划建设了水口、布局、科甲3个易地扶贫搬迁安置点，动员龙州县内居住在危旧住房、有劳动力但增收困难的建档立卡贫困户移居边贸区。新移民贫困户可享受边境0～3公里范围内每人每月130元的资金补助；对有劳动能力的青壮年，提供扶贫小额信贷助其购买车辆，参与边贸互市运输、货物装卸等工作，平均每人每月可增收2000元以上。同时，当地出台金融、用电等优惠政策，完善管理、社保等制度机制，配套市场、学校等服务设施，确保搬迁农户不丢农业户口、不丢原有农地、不丢农民福利，实现脱贫致富与稳边固边、富民兴边的良性互促效果。

现今，龙州县政府在水口、布局、科甲及彬桥边境乡镇所在地分别建设水口镇共宜新村安置点、下冻镇布局安置点、武德乡科甲新村安置点、彬桥乡集镇安置点，将各乡镇 20 户以下扶贫成本较高的自然村屯（生产、生活环境极差且不具备居住和发展条件的自然村屯）和居住在地质灾害区、生态保护区、生态修复区等地区的贫困群众易地搬迁至边境安置点，依托安置点临近互市区（点）的便利优势，引导和帮助易地搬迁贫困边民参与互市贸易、互市贸易运输、到园区公司企业务工增加收入。目前，全县搬迁至 4 个边境安置点的贫困户 936 户共 2947 人。其中，搬迁至水口镇共宜新村安置点的有 770 户 2390 人，搬迁至下冻镇布局安置点的有 43 户 162 人，搬迁至武德乡科甲新村安置点的有 77 户 240 人，搬迁至彬桥乡集镇安置点的有 46 户 155 人。据统计，截至 2018 年 9 月，搬迁至边境 4 个易地搬迁安置点的贫困户已进行指纹备案的有 321 户 738 人，在区内外务工的有 408 人。

（9）九员大将：园区项目建设

园区项目建设在生产要素中也属于土地的范畴。园区项目有效拓展了实体经济空间，为实体经济的进一步发展壮大做好了基础建设。口经委负责与园区的水口至驮隆中越界河二桥项目、水口进境水果指定口岸项目、水口口岸验货场改造项目、水口互市扶贫市场项目、科甲口岸监管场所项目、横罗互市点、龙州县水口东盟大道、崇水高速路“水口拆迁安置地道路工程”、水口镇新共和小学项目、水口镇中心卫生院项目的主要负责人、业主进行协调沟通，若有任何就业岗位优先推荐贫困户。

各个项目有招工信息事先与镇政府或者口经委联系，再由相关负责人将招工信息通过第一书记、村委及帮扶人微信群传达给贫困户，贫困户根据实际情况进行报名、面试、岗前培训、正式上岗。

龙州县就是这样在国家、自治区给予边境边民扶持政策的基础上，借助边境口岸特有的条件，通过“九员大将”即“九个一批”工程进行边贸扶贫，使龙州边民真正享受到国家政策的实惠，增加收入，实现脱贫。

“九个一批”是指贫困户依托互助组参与贸易帮扶一批，鼓励边民参与边贸运输帮扶一批，成立装卸队帮扶一批，组织边民到园区加工企业务工帮扶一批，发放边贸小额贷款帮扶一批，开展中越跨境水果种植合作帮扶一批，电商平台惠边民行动帮扶一批，拓宽易地搬迁户增收渠道帮扶一批，推荐贫困户到园区项目建设务工帮扶一批。

4.2.2 硬保障：完善边贸扶贫的保障体系

龙州县边贸扶贫“九个一批”工作的顺利实施，得益于一系列硬保障措施的保驾护航，这些措施在政策、机制、宣传、产业集群、投融资等方面都发挥了相应的保障作用。

（1）政策保障切实“落地”

政府政策作为指引性文件，对地方扶贫工作起到导向性作用，具体的落实还需要当地政府的努力。政策保障的落实对于推动扶贫工作的发展，带动贫困户的积极性有着十分重要的作用。从中央到地方，各级政府都制定了针对促进边境地区经济发展的政策文件，来保障边境地区的发展。在《国务院关于促进边境地区经济贸易发展问题的批复》（国函〔2008〕92 号）中，边民互市贸易带进物品的免税额度提高到人民币 8000 元。龙州 5 个边境乡镇的边民目前享受每人每日从边民互市贸易区（点）带进的物品，价值在 8000 元以下的，免征进口关税和进口环节税。2012 年龙州县出台《龙州县边贸扶贫工作实施方案》，建立健全县、乡、村、屯四级联合开展工作机制，并对县、乡、村、屯的工作职责做出明确的分工。龙州县为保障电子商务的顺利发展，出台了《龙州县 2015 年落实稳增长若干措施》，设立“发展电商引导资金”，助力电商发展，扶持发展电子商务。龙州东盟国际商贸城、水口东盟国际商贸城等十大专业市场建设速度加快，龙州东盟国际商贸城还被自治区商务厅授予“自治区级电子商务示范基地”。

（2）管理机制保障重在“疏导”

为建立健全县、乡、村、屯四级联动工作机制，龙州县政府将边贸扶贫工作纳入年度绩效考评范围，要求各责任单位每周汇报工作进度，每月汇报工作总结，责成县督查室对工作开展情况进行定期检查。同时，龙州县还成立了由口经委、口岸办（商务局）、财政局、扶贫办、金融办、糖业办、边境乡镇政府、农村信用合作联社等部门共同组建的协作工作小组，明确相应职责分工，制定完善边贸扶贫工作方案，确保工作有序高效地推进。龙州县自 2015 年底开始筹建“龙州县边贸扶贫信息平台”，收集贫困户及家庭成员的详细资料以及参与边贸活动的情况，并与“南宁海关边民互市贸易管理系统”共享边民信息，提升管理水平。通过边贸扶贫信息平台，能准确查询并统计每天、每月甚至每年各个边境乡镇贫困户参与贸易和互市运输的户数、人数、收入情况。根据这些数据，分析贫困户存在的问题，及时动员鼓励贫困户参与贸易，准确掌握贫困户的收入情况，为党委、政府提供决策依据。同时，定期每月导出贫困户数据发给龙州各乡镇，以便更好地了解贫困户参与贸易的情况，从而研究出更好的应对办法。

（3）宣传保障充分“调动”

脱贫工作的主要参与者应该是贫困户自身，“扶贫先扶志”，贫困户在了解边贸政策，真正认识到脱贫工作本质及重要性的基础上，才会积极参与到互市贸易等边境脱贫工作中，才能保证扶贫产业的可持续发展。龙州县通过进村入户走访的形式，给村民发放宣传手册，定期召开动员大会，借助电视夜校、报纸、广播、网络等新闻媒体及公布咨询热线等方式进行边贸扶贫政策宣传，确保边贸小额贷款的优惠政策、申请程序、条件、贴息方式及相关法律法规等内容家喻户晓，逐渐打消群众对边民政策的顾虑，提高边民参与互市贸易的积极性。同时，龙州县政府还开办培训课堂、贸易政策知识讲座，给广大边民传输互市贸易政策知识，让其熟知互市贸易需要注意的事项，以此吸引更多边民参与其中，享受国家给予的优惠政策，确保中央各项惠边惠民政策的落实。

（4）产业集群保障上“规模”

龙州县水口扶贫产业园位于水口镇南面，西临水口镇共宜新村易地扶贫安置区，距离水口口岸和水口互市区 1.5 公里，距布局互市点 8 公里，距那花互市点 15 公里，距离科甲口岸 20 公里，规划总用地面积为 309.07 公顷。按照“一带、两面、三轴、四组团”连片规划建设，这里是边民脱贫致富“桥头堡”。“一带”——水口河所组成的滨江景观带。“两面”——产业园南部和北部外围自然山体景观界面。“三轴”——贯穿园区的主干道所形成的产业发展轴。“四组团”——工业组团、仓储物流组团、综合服务组团和综合居住组团。园区主要通过政府投资、银行融资及市场运作等多种模式进行建设。

园区建成后，龙州县将依据资源优势布局特色产业。坚果是龙州最显著的边贸进口特色商品和最丰富的边贸落地加工原材料资源。依托于坚果进出口和加工，龙州成为中国坚果贸易重要集散地之一。通过互市贸易进口坚果货量每年保持在 12 万吨以上，主要进口品种有腰果、核桃、开心果、夏威夷、果壳、杏仁、碧根果、无花果等。该县将食品坚果加工作为水口边贸扶贫产业园的主导产业，并将产业园定位为国内唯一一个以“边贸扶贫”命名的食品坚果加工基地，国内唯一一个以边境口岸实施易地扶贫搬迁产业化扶贫的食品坚果加工基地和国内唯一一个集政府、企业、贫困民众和外籍贫困民众实现产业化扶贫及国际减贫的食品坚果加工基地。截至 2018 年 10 月，已入园的 13 家企业当中有 9 家企业为食品坚果加工企业，意向入园的 14 家企业当中也有 9 家为食品坚果加工企业。已入驻园区的 13 家坚果加工企业中，已有民之天食品、江南食品、赞美食品、佳之选食品、桂企食品（一期）投产，2017 年总产值 143378.9 万元，有效促进了全县经济发展和边民增收。

(5) 投融资保障立“信用”

龙州县政府不断深化投融资体制改革，通过扩大跨境人民币结算量、设立开放产业发展基金等形式推进沿边金融综合改革；通过推广政府购买公共服务、PPP、EPC 等模式加大融资，建立全县 PPP 项目库；通过积极推进发行企业债券，扩大债券市场融资，并对园区集合债、金融租赁等直接融资方式进行试点实践。另外，鼓励各银行业金融机构积极争取上级行加大信贷支持，加快金融产品“增量拓面”；将信贷资金向重大项目倾斜，加大对扶贫产业园区、公共交通建设、城市设施更新改造等重大民生工程建设的支持力度。龙州县按照“地方政府主导、金融机构参与、市场化运作”的原则，依托村“两委”的行政资源，行政村与基层涉农金融机构合作，根据“五个一”要素（即有一块牌子、一个服务场所、一套服务机制、至少有一名农村金融辅导员、至少有一个金融机构合作）的要求，在各信用村设立“三农金融服务室”，打通农村金融服务“最后一公里”。争取“三农金融服务室”信用乡镇、信用村百分之百全覆盖。这也是保障边贸扶贫链条中资本充足性的重要环节之一。

4.2.3 强风控：建立边贸扶贫的风险防控

龙州县推行的“九个一批”边贸扶贫政策取得了较显著成效，但在实施过程中仍然存在着一定的风险，至少应该有四个方面的风险防控预案：

(1) 扶贫资金管理风险防控：不能放在合作社“一个篮子里”

边境贸易的发展，离不开丰富的资金注入；边境扶贫工作的展开，同样离不开边贸发展资金和边贸扶贫资金的大力支持。国家近年出台了很多投资优惠政策，吸引资金向边境地区流动，也加大了对边贸企业和边贸从业者的贷款力度，但是，目前边贸发展资金和边贸扶贫资金仍然严重缺乏；同时，边境贸易的银行结算系统、扶贫贷款申请管理等都存在一定程度的滞后，对边贸扶贫工作产生了制约。龙州县边贸扶贫主要是以边贸合作社为载体开展，合作社自负盈亏，一旦资金链断裂，将面临解散的风险，扶贫成果也会付诸东流。

国家和自治区政府需要大力深化沿边地区金融体制改革，争取对边境地区给予更多的财政倾斜。现在，广西农村信用合作社进驻边境地区，为边贸合作社和贫困边民提供贷款，但是其他金融机构入边境的较少，且金融机构对合作社和贫困户的贷款额度较低，扶贫资金仍然无法有效满足扶贫工作的需求。除此以外，可以尝试进一步提高边民的免税额度，将每人每天 8000 元免税额提高到 20000 元，形成规模经济，降低商品成本，助推边境贸易的发展。

（2）边贸基础设施建设：借助边贸力促路网升级

开展边境贸易的配套基础设施薄弱，会影响边民和贫困户从事互市贸易的效率，进而影响边境贸易扶贫的效果。现今，各级政府下发了一些促进边境口岸建设的政策，但总体来说，支持政策较少。就龙州县边境口岸和互市点来说，总体基础设施建设相对薄弱，一是交通不够便利，影响贸易商品的运输速度和边民贫困户进行边贸以及边贸运输的效率；二是园区道路、厂房、供水工程、查验设施简陋，信息化水平不高。这些硬件条件会制约边贸加工企业的效益，无法解决他们的后顾之忧。

广西区政府对龙州县边贸基础设施建设投入了大量资金，加快打造水口边贸扶贫产业园创广西 A 类园区，向中国—东盟国际减贫产业园升格。水口国检试验区、崇左至水口高速路、水口驮隆中越界河二桥项目也顺利开工。但是，因为龙州县互市贸易点的交通网络、信息服务基础太过薄弱，口岸基础设施和配套设施建设需要进一步改善。第一，村屯到互市贸易点的道路需要加速修建，公共交通设施需要更加完善，才能方便边民和贫困户参与边境贸易，同时提高边贸商品的物流效率。第二，改善边境口岸的通关环境，包括办公区域和货场查验的硬件设施和信息化智能化操作设备的软件环境。以期能够加速通关效率，降低通关成本。第三，边民互市贸易特色市场的建设。对交易市场货品区和生活区要做进一步的区分和建设，为边民互市贸易提供更舒心的交易环境，为边贸扶贫工作打下坚实基础。

拓展资料：

崇左市发展和改革委员会 2018 年 9 月 29 日针对亚州开发银行贷款龙州县水口边贸扶贫产业园基础设施项目进行了批复：

为进一步加快龙州县水口边贸扶贫产业园交通基础设施建设，连接扶贫产业园与水口口岸、越南驮隆口岸，进一步推进边境贸易便利化和劳务合作规范化，促进龙州与越南的国际减贫合作，同意实施亚行贷款龙州县水口边贸扶贫产业园基础设施项目。

项目代码：2018－451423－54－01－031120。

项目建设地址：位于龙州县水口镇水口边贸扶贫产业园内。

项目建设内容及规模：按照城市道路标准建设横二路、横三路、横四路、纵二路、沿边路 5 条道路工程，工程道路设计总长度 8059.114 米，实施总长度 6973.26 米。其中，横二路设计长度 1301.6 米，实施长度 1041.398 米，道路红线宽度 20 米。横三路设计长度 1710.592 米，实施长度 1408.88 米，道路红线宽度 20 米。横四路设计长度 1001.158 米，实施长度 774.666 米，道路红线宽度 36 米。纵二路设计长度 1716.882 米，实施长度 1531.44 米。其中，纵二路南段设计长度 579.311 米，实施长度 490.5 米，道路红线宽度 36 米；纵二路北段设计长度 1137.571 米，实施长度 1040.94 米，道路红线宽度 36 米。沿边路设计长度 2328.882 米，实施长度 2216.876 米，道路红线宽度 40 米。主要建设内容为道路工程、给排水工程、交通工程、照明工程、绿化工程等。

总投资及资金来源：项目估算总投资 36903.72 万元，资金来源为拟申请亚行贷款和地方财政配套解决。

资料来源：广西崇左市人民政府门户网站，http://www.chongzuo.gov.cn/。

（3）贫困户的可持续发展能力：激活“断奶”后的内生动力

边贸扶贫确实是使边境地区贫困户脱贫的好办法，但这一模式在发展中逐渐显现出一个问题：边贸扶贫是以边贸合作社为主要推手的，合作社团结引导贫困户参与边贸，但有的贫困户认为合作社是理所当然的帮扶机构，对合作社产生了过度依赖，甚至导致合作社不宣传引导，贫困户就不主动干的现象。贫困户自身的积极主动性欠缺，会导致边贸扶贫的不可持续发展，脱贫的贫困户也很容易再次返贫。

“扶贫先扶志，治贫先治懒”，扶贫工作最重要的是提高边民的整体素质，在尊重贫困边民风俗习惯的基础上，利用宣传教育让边民从根本上转变“等、要、靠”的落后观念，激发贫困户脱贫致富的内生动力，积极踊跃加入合作社，参与互市贸易。同时，还要加大对边民的技能培训，使其由最低端的搬运装卸向胜任边境贸易转变。除了义务教育，当地政府还要重视对边民劳动和生活技能的培养和培训。只有边民贫困户依托自身技能致富，才能避免过度依赖合作社，不容易受外界因素的变化返贫。最后，通过政策支持加大留住本地人才的力度，同时吸引外地高学历、高水平人才的流入。

（4）口岸经济转型升级：从区域扶贫到国际共同发展

自2010年以来，龙州县紧抓中国—东盟自由贸易区建成和崇左市打造陆路东盟南崇经济产业带的机遇，以加快口岸基础设施建设推动口岸升格为主攻方向，培育贸易型进口加工业，大力推进产品落地加工，力促口岸经济由“通道型”向“加工型”转变。边贸扶贫的另一个参与主体是企业，但是边贸企业容易受国内外政策的影响，抗风险能力较小，因而政府有必要在税收奖励、投资优惠、投产奖励等方面加大对外贸进出口企业和边境食品加工企业的扶持，提升其互市贸易的实力，加大口岸经济的转型升级，由互市贸易带动边贸加工制造业和物流业的同步发展。例如，积极贯彻落实国家、自治区、崇左市促进外贸业可持续发展思路，制定龙州县辖区内外贸企业奖励政策，筹措资金加大实施补贴力度，重点扶持边境食品加工业的发展：指导企业与边民互助组合作，解决原料供应不足问题；帮助企业向自治区申请技术改造项目扶持资金和增值税减免资格认定；制定企业投产奖励办法；积极落实项目建设用地。在扶持加工贸易业发展方面，通过厂房免租、外贸进出口奖励、投产补贴、企业所得税奖励等优惠政策扶持加工贸易。在扶持商贸物流业发展方面，举办电子商务专项培训会，鼓励企业通过电子商务平台进行推广与运营，实现线上线下协同发展；搭建融资平台，向银行推荐“守合同重信用”企业，促进银企合作，帮助企业融资。

4.3 案例推广：边贸扶贫的可复制性探讨

从龙州县边贸扶贫模式“九员大将”的生产要素看，边贸扶贫是整合了“生产＋流通＋销售＋金融”的模式，从生产、流通、销售、金融都做了合理的部署，使边贸经济具备了自循环的基础力量，已经接近“小微经济体”应该具备的要素，可以形成一个小微经济循环，激活边境区域的经济活力。总体来说，边境扶贫既要政府政策扶持，也要整合资源发展生产，同时要考虑拓宽市场渠道，完善配套设施，保障资金需求。

综上所述，边贸扶贫的健康发展至少需要做到以下几个“结合”：一是充分应用国家边贸政策，设计政策落地的具体模式，与本地的生产要素、市场要素充分结合，从顶层设计开始就避免“政策来脱贫，政策走返贫”的情况出现，利用政策充分盘活本地资源，形成“国家政策 + 本地资源”的强链接；二是与原有的边贸主体相结合，将边民互市贸易合作社作为边贸扶贫的新型主体，“聚散成集”，充分发挥其对贫困人口的组织带动作用和规模聚集作用，创造新的就业机会。三是与沿边金融改革相结合，保障边贸扶贫资金需求。最后，与口岸综合开发相结合，大力完善配套设施，并与特色产业发展结合，形成脱贫增收持续动力。

写作后记：

除广西崇左市龙州县外，广西边境线上的多个市县都成功实施了边贸扶贫模式。

例如，广西东兴市充分利用国家赋予的开放合作平台和边贸政策，结合区位优势和资源禀赋，突出改革创新，走出一条具有“东兴特色”可持续发展的边贸扶贫新路子。2018 年东兴市计划推进 95 户 375 人脱贫，目前“两不愁三保障”“八有一超”贫困户脱贫摘帽标准的已达 91 户 359 人，完成总任务的 95.48%。东兴的边贸扶贫主要从五个方面展开：

1. 边境贸易 + 党建 + 互助组

东兴市充分利用国家给予边民“每人每天交易 8000 元货物全免关税和环节税”的优惠政策，创新边民互市贸易方式。该市组建了以 1 个党支部领航，n 个边民互助组，每组成员 20 人以上，每组吸纳 1 户贫困户的边境贸易“1 + n20 + 1”扶贫模式，帮助边民特别是贫困户增加经营性收益，实现边境贸易稳边、安边、兴边富民。

2. 边境贸易 + 金融服务

东兴市以建设沿边金融综合改革试验区为契机，在深化改革上下功夫，创新边民互市贸易结算模式，获得国务院第三次大督查的通报表扬。一方面，创新互市贸易结算方式，积极引导金融机构创新对边贸扶贫的信贷产品和服务方式，建成东兴市边民互市贸易结算中心，实现了两国边民互市商品的现场交易和交易结算规范管理。

3. 边境贸易 + 落地加工

东兴市依托完整的口岸边贸体系，通过实施互市商品落地加工的“落地加工合法化、通关便利化、成本最低化、落地加工企业优先化、贸工互动效益最大化”等五化措施，理顺了互助组和加工试点企业的“两个合法化关系”，推动互市商品落地加工，产业从传统的海产品、红木、建材等几个类别发展成十大类年产值 10 亿元以上跨境加工制造业，实现“边境贸易 + 跨境加工制造业 + 扶贫工作”互动发展。

4. 边境贸易 + 专业市场

东兴市充分发挥区位优势，借助国内国外“两个市场、两种资源”，大力推进农副产品、建材、海产品、机电、红木、轻纺服装、跨境电商、旅游和美食文化、互市区一级市场和大型综合零售市场等十大专业市场项目建设，促进了贸易、旅游、金融、加工、电商、物流等行业发展，有力助推了精准脱贫。

5. 边境贸易 + 电子商务

东兴市充分利用全国电子商务进农村综合示范县的契机，按照“党政推动、市场运作、基础配套、协会（企业）引导、试点示范带动”的总体思路，采取有力措施，推动电子商务取得显著成效。在阿里研究院发布的《2013—2017年度中国县域电子商务发展指数报告》中，东兴市连续5年跃进全国县域先进行列，连创“全国电子商务百佳县”，稳居广西县域首位；2015—2016年中西部返乡电商创业最活跃县域第3名，2018年获“2017—2018年中国电商示范百佳县”称号，位居排行榜第7名。

6. 边境贸易+物流

依托东兴边民互市贸易区、东兴市电商大发展的机遇，引导贫困户通过参与互市产品运输、快递的收发、外卖服务等脱贫致富，目前东兴市已经在互市区成立物流协会，重点吸纳贫困户参与物流运输，贫困户通过该模式参与脱贫攻坚的主动性和积极性不断增强。

再如，广西百色市那坡县是国家级贫困县，为了确保到2020年全县脱贫摘帽，当地做足“边”字文章，因地制宜切实解决贫困边民有效增收的问题。

那坡县探索建立边民互市互助组，统筹规划、统一管理，引导贫困边民参与边境贸易、运输、餐饮等边贸活动，深受边民青睐。现在已有55组1500名边民参与边境互市贸易，近200台贫困户三轮车参与互市运输（见图4-3）。那坡县平孟镇平孟街边民贫困户吴忠疆是边民三轮车运输队的一员，现在他每天醒来都会翻看微信，关注边民互市互助组和边贸公司组建的微信群，看看有什么货物运输的工作。吴忠疆每天可以从微信群里面拉到10趟左右的货物，每趟挣25元，一个月下来有四五千元。

图4-3 那坡县边贸车辆往来频繁①

边贸扶贫，不能仅仅依靠“边贸+合作社”“边贸+互联网”的发展模式，想要实现边贸扶贫机制的长效化，我们还可以创新性地发展“边贸+边境旅游”或“边贸+民族产业”，从扶贫产业走向边境产业合作分工，形成边贸经济的新增长点。

① 图片来源：广西商务厅．那坡：精准落子 走出边贸扶贫新路子［EB/OL］．（2017-12-06）［2020-10-21］．https：//www.sohu.com/a/209100632_825728.

第5章

三产融合创新实现共赢

——广西环江毛南族自治县特色林业扶贫产业示范园“1+1>2”模式案例分析

5.1　案例记录

习近平总书记在关于扶贫开发工作的重要论述中指出，要创新扶贫模式，实现精准脱贫。思想影响行为，思路决定成败，脱贫的第一步要从思想革新、思想解放、思想创新开始。小到贫困户家庭，大到政府和国家，如果受思想所困，就很难找到发财致富的路子，就很难脱贫摘帽；如果缺乏创新，就成了无源之水、无本之木，没有发展动力，整个中华民族就会缺乏进步的灵魂。以创新精神推进扶贫开发，首先要有正确的思路，坚持从实际出发，因地制宜，充分挖掘自身的比较优势，循着优势往深处走，把优势做出特色、做出效果、做大做强。总之，别让贫困限制了你的想象，走出思想“贫民窟”，有了好的发展路子，就意味着已经成功一半。

习近平总书记在河北省阜平县考察扶贫开发工作时指出，推进扶贫开发、推动经济社会发展，首先要有一个好思路、好路子。要坚持从实际出发，因地制宜，理清思路、完善规划、找准突破口。比如，阜平有三百多万亩山场，森林覆盖率、植被覆盖率比较高，适合发展林果业、种植业、畜牧业；有晋察冀边区革命纪念馆和天生桥瀑布群这样的景区，离北京、天津这样的大城市都不算远，又北靠五台山、南临西柏坡，发展旅游业大有潜力。要做到宜农则农、宜林则林、宜牧则牧、宜开发生态旅游则搞生态旅游，真正把自身比较优势发挥好，使贫困地区发展扎实建立在自身有利条件的基础之上。[①]

广西环江毛南族自治县特色林业扶贫产业示范园就是打开思想天窗，启动创新按钮，让创新思想落地的典型案例。近年来，广西环江毛南族自治县按照突出产业扶贫、体现地方特色、选准产业项目、延伸产业链条、形成产业优势、实现扶贫转型升级的要求，以种植油茶为“主打歌曲”，重点打造了环江万亩现代特色林业扶贫产业园区。该园区位于环江县川山镇何顿村华山林场大沙坡分场，距离城区 54 公里，建设油茶套种中草药产业园区面积 1.2 万亩。园区计划总投资 3 亿元，分两期建成。

广西环江毛南族自治县是全国最大贫困人口接收安置县，多年来，政府一直致力于脱贫攻坚任务，经过多年的实践和摸索，逐步探索出一种新的精准扶贫工作模式：公司 + 基地 + 贫困户或农户和“一基双带”（基地带动贫困户，大产业带动小产业）。这个模式主要的创新思想可以简要概括如下：一是形成一个闭环的循环链，链条上有园区建设资金筹措企业、基地管护企业、负责加工销售的本土龙头公司、全县 18422 户贫困户，形成一个完整的原材料供应 + 深加工 + 销售闭环的良性循环链；二是通过基地种植油茶的示范效应，带动全县 18422 户贫困户种植油茶，同时还将辐射带动全县 143 个行政村（社区）发展种植油茶达 20 万亩以

① 习近平．做焦裕禄式的县委书记［M］．北京：中央文献出版社，2015：17.

上，形成全县的支柱产业；三是全县 18422 户贫困户可以通过项目申报的形式，连续 5 年从主导油茶大产业的龙头企业那里申请每年 1500 元作为发展小产业的基金，如此一来，政府便可以以基金为支点，以“四两拨千斤”的巧劲，撬动全县各类小产业的发展。

与区内外其他林业扶贫产业园相比，广西环江县特色林业扶贫产业示范园建设最大的特色和亮点就在于该园区凭借一个基地，套种两类植物，融合三个产业。这种“套路”内涵就是环江县委、县政府从国有华山林场划出万亩林地，以油茶套种中草药种植模式，创建 1.2 万亩集中连片的油茶产业基地，通过这个基地创造性地将第一、第二、第三产业融为一体发展，第一产业以油茶种植及林下套种中草药为主，第二产业以油茶加工和中草药加工为主，第三产业以园区休闲观光、中医中药体验养生、中医中药材培训基地为主。园区已被河池市人民政府列入 2018—2020 年“十大百万”产业扶贫工程重点推进项目。项目技术支撑由国家林业和草原局调查规划设计院、林产工业规划设计院及广西林业科学研究院共同提供。

5.2　案例分析

5.2.1　特色林业扶贫产业示范园建设各主体的角色

环江县属中亚热带季风气候区，气候温和、雨水充沛、日照充足、雨热同季，具备种植优质高产油茶的自然条件，是广西油茶的重要产区和适宜栽培区，并且该县油茶种植历史悠久，截至 2018 年底，全县油茶种植面积达 5.11 万亩。政府选择种植油茶作为扶贫产业，有其历史性、地域性和科学性的考量。在政府大力推行油茶产业，以“公司 + 基地 + 贫困户或农户和‘一基双带’（基地带动贫困户，大产业带动小产业）”模式运营的过程中，在整个油茶产业链条上有 5 个主体，如同车链子上的链珠，少了任何一颗，车子都不能正常运转。这 5 个主体分别是县委、县政府，县农投公司，县林投公司，环江伍香源食品有限责任公司（当地龙头企业），贫困户。

从图 5 –1 中，我们也能看出，5 个主体环环相扣，在整个油茶产业链条上有各自的分工和任务，最后的落脚点落在贫困户身上。

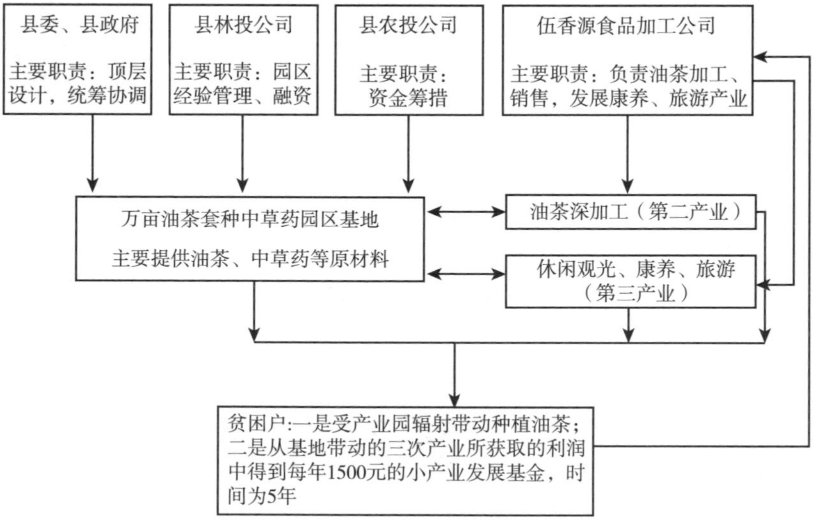

图 5 –1　环江县特色林业扶贫产业示范园建设扶贫模式简易结构图

（1）县委、县政府：特色林业扶贫产业示范园建设的“司令部”

作为全县人民的主心骨，为了打赢脱贫攻坚战，实现全县 18422 户贫困户如期脱贫，脱贫后能有持续发展动力，环江县委、县政府把目光聚焦到本地传统的油茶种植业上，并且着力打造一条依靠油茶产业助力脱贫的产业链。为此，县委、县政府对油茶产业进行高规格推动、高起点规划、高标准建设，全面整合县财政、农业、林业、畜牧、水利、国土、扶贫、住建、交通、电力、物价等部门项目和资金，优先支持特色林业扶贫产业示范基地建设，创造性地构想出了“公司 + 基地 + 贫困户或农户和‘一基双带’”的产业扶贫模式。通过顶层设计、全局把控、整体协调、监督检查、政策倾斜，非常规地推动特色林业扶贫产业示范园建设，辐射带动全县油茶产业做大做强。归纳起来，县委、县政府在整个油茶产业链条上的角色是：产业的规划设计者、监督服务者、协调管理者。

2015 年 11 月 27 日，习近平总书记在中央扶贫开发工作会议上指出，当前脱贫攻坚既面临一些多年未解决的深层次矛盾和问题，也面临不少新情况新挑战。脱贫攻坚已经到了啃硬骨头、攻坚拔寨的冲刺阶段，所面对的都是贫中之贫、困中之困，采用常规思路和办法、按部就班推进难以完成任务，必须以更大的决心、更明确的思路、更精准的举措、超常规的力度，众志成城实现脱贫攻坚目标。①

（2）县林投公司：特色林业扶贫产业示范园建设的“排头兵”

县林投公司的全称是环江毛南族自治县华山林业投资有限责

① 中共中央文献研究室．十八大以来重要文献选编（下）［M］．北京：中央文献出版社，2018：34．

任公司，在整个油茶产业链条上担任经营管理油茶产业基地的角色，主要负责园区基地（见图5－2）基础设施建设，油茶和中草药种植、管护。园区形成产出后，负责销售园区油茶和中草药原材料。同时，以“排头兵”的标准，做好园区管护工作，起到示范作用，以此带动全县贫困户种植油茶，扩大油茶种植面积，增加油茶原材料供应量。

图5－2　特色林业扶贫产业示范园万亩油茶种植基地一角

（3）县农投公司：特色林业扶贫产业示范园建设的“财神爷”

环江毛南族自治县农村投资公司是经环江毛南族自治县人民政府批准成立的国有企业（国有独资公司），经营范围为：归集金融脱贫小额信贷资金；对农业经济合作组织、民营企业提供投资服务；农业产业发展、农村基础设施建设、房地产开发和土地开发；融资租赁服务；其他经济合同的担保服务等。其在整个油茶产业链条上扮演“财神爷”的角色，为特色林业扶贫产业示范园建设融资1.2亿元，用于园区一期建设。

（4）环江伍香源食品有限责任公司：特色林业扶贫产业示范园建设的“工厂”

广西环江伍香源食品有限责任公司始建于2014年12月，注册资金600万元，是一家农作物种植及其产品加工、销售企业，是环江县重点扶持的一家本土化的公司。按照县委脱贫攻坚的工作部署，该公司紧密结合扶贫攻坚工作，以带动贫困户脱贫为目标，推行“公司+基地+合作社+贫困户”的扶贫产业模式，截至2019年4月初，该公司已建成油茶原料林基地7340多亩，建成一条年处理量3500吨的茶籽烘干生产线、一条年生产1000吨原味茶油生产线、一条年产精炼山茶油1000吨的生产线、一条年产量800吨的高档食用茶油和化妆品原料油生产线，年加工产值达1亿元（见图5-3、图5-4）。该公司已与6个农村合作社共30个贫困户签订合作协议，帮扶233户农户（其中贫困户96户）共1173人发展油茶产业，并将其经营活动纳入公司产业链，实现企业增效、农户增收的双增目标。在整个油茶产业链条上扮演的是“工厂”的角色，主要向贫困户或农户收购油茶原材料，本身也种植油茶原材料，对原材料进行深加工，并负责销售。

图5-3　环江伍香源食品有限责任公司系列油茶中高端产品

图5-4 环江伍香源食品有限责任公司系列油茶加工车间

（5）贫困户：特色林业扶贫产业示范园建设的“主力军”

贫困户是整个油茶产业链条上的被扶持者，也是整个油茶产业链条上重要的参与者，政府发展油茶产业的最终目的就是助力贫困户脱贫，脱贫后提供后续发展动力。因此，贫困户处在整个油茶产业链条上的中心环节，整条产业链所有努力的方向最后都聚焦在贫困户身上。贫困户受园区油茶规模种植影响，通过自身努力，一方面自主种植油茶获取经济收入（见图5-5），另一方面，通过“以奖代补”“先建后补”“由扶改带”等方式，可以从政府主导的油茶产业中获取每年1500元的小产业发展基金，可连续享受5年。

图5-5 油茶种植户采摘油茶果

5.2.2　特色林业扶贫产业示范园建设的经验解析

环江毛南族自治县特色林业扶贫产业园建设的成功实践，离不开因地制宜的发展导向和创新的发展理念，专业的技术指导也为园区油茶产业的发展增添保障，在发展油茶产业的基础上多样化发展养牛、养鸡等小产业，使得扶贫产业园区的扶贫工作及红利范围覆盖更广，帮助更多贫困户实现脱贫。因此，要建设完善的特色林业扶贫产业园区，与以下几个条件密不可分。

（1）得天独厚的地理优势

广西环江毛南族自治县地处广西西北部，与贵州荔波、从江两县毗连，空气清新，风景秀美，大小环江两条河从北至南贯穿县境，造就了青山巍巍、绿水长流的秀丽风光（见图5－6）。境内植被保存完好，生态环境优良，是广西第三林业大县，拥有木论和九万山两个国家级自然保护区。环江地处亚热带地区，气候温暖湿润，是广西油茶的传统种植地和重要产区。县政府将特色林业扶贫产业示范园选址在环江县川山镇何顿村华山林场大沙坡，其用意很深。因为川山镇何顿村华山林场大沙坡与木论国家级自

图5－6　环江世界遗产——卡斯特地貌美景

然保护区仅一壑之隔。对于这种天然的地理优势，选址于此，无论从环境生态学的角度来看产业发展，还是放眼未来着力打造康养、观光旅游来讲，都具有战略性的意义。

习近平总书记在2015月11月27日中央扶贫开发工作会议上讲："我在福建宁德工作时就说过，弱鸟可望先飞，至贫可能先富，贫困地区完全可以依靠自身的努力、政策、长处、优势在特定领域先飞。现在，许多贫困地区一说穷，就说穷在了山高沟深偏远。其实，不妨换个角度看，这些地方要想富，恰恰要在山水上做文章。要通过改革创新，让贫困地区的土地、劳动力、资产、自然风光等要素活起来，让资源变资产、资金变股金、农民变股东，让绿水青山变金山银山，带动贫困人口增收。"①

（2）实力雄厚的技术指导

特色林业扶贫产业示范园建设基地主要由县林投公司负责管护。基地油茶种植及林下套种中草药的项目技术支撑则由国家林业和草原局调查规划设计院、林产工业规划设计院及广西林业科学研究院共同提供。这三家单位在植物种植、护理、病虫害预防等方面有强大的技术科研团队，科研实力雄厚，有其在油茶良种选育、新技术育苗基地建设以及丰产栽培和低产林改造等方面进行系统的技术指导和培训，同时现场指导油茶修枝整形、施肥等方面作为项目技术支撑，园区油茶产业的发展就多了几道有效的保障。

---

① 中共中央文献研究室．十八大以来重要文献选编（下）［M］．北京：中央文献出版社，2018．

拓展资料：

截至2019年4月，（环江县）全县油茶种植面积达8.91万亩，示范基地64个，其中，连片万亩示范基地（园区）1个、连片千亩以上示范基地5个，有5个示范基地获自治区级高产高效示范园或示范点认定。该县力争2020年油茶种植面积超过13万亩，茶油年产量达到500吨，产品精深加工率达80%以上。

产业发展绑定脱贫攻坚。该县全面推行“公司+基地+合作社+农户（或贫困户）”和基地带动贫困户的发展模式。对建档立卡贫困户新种植油茶相对连片两亩以上的，每亩给予2000元（含油茶苗木）奖补。目前，全县9100多户群众种植油茶，其中贫困户4015户。

推进适度规模经营。该县采取“政府政策扶持、企业主体经营”的投入机制，鼓励和引导油茶林地经营权向有实力、懂技术、会管理、善经营的油茶生产大户或企业流转，推进适度规模经营。同时，全面整合涉农部门项目和资金，对油茶产业示范区（园、点）新种植油茶相对集中连片面积1000亩以上的，给予300万元以上无息贷款；达到自治区“双千”计划油茶新造林项目建设要求的，给予每亩600元资金奖励。

探索茶油产业精深加工。在环江工业园区内，由民营企业兴建、广西林科院等科研单位提供技术支撑的茶油精深加工生产线已投产，年产值可达1亿元以上。目前已研发有食用和护理精油两大类7种产品，达到有机食品国际标准。

资料来源：莫春信：“环江油茶产业迅速兴起 种植面积达8.91万亩”，http://gx.people.com.cn/n2/2019/05131/c364811-32931988.html，2019年5月13日。

（3）独具匠心的套种理念

相关资料显示，在全国范围内，在油茶树下套种名贵中草药的种植模式并不多见，环江特色林业扶贫产业示范园的套种模式在广西区内也是首例。这种“1＋1”油茶套种中草药模式，推进林下复合种植“茶中药”，最大的特点和亮点就是实现1亩土地2亩产值的目标。此外，这种套种模式充分考虑了未来产业的布局，即这种套种模式将直接衍生出以油茶加工为显著特征的第二产业及以中草药康养和体验为主要特色的第三产业，这种一开始就将种植和后续发展摆在一条线上的套种模式，可以说既新颖，又有创意，关键是还很符合实际，很接地气。

（4）三产融合的良性循环

特色林业扶贫产业示范园建设的另一大亮点便是凭借一个基地，套种两种植物，融合三个产业。在推进三次产业发展的过程中，不按常规套路出牌优先发展第一产业，而是通过重点扶持本土龙头企业，优先发展第二产业，大力发展油茶深加工产业，通过第二产业促进第一产业、拓展第三产业。通过1.2万亩油茶基地建设，以及对现有油茶深加工，提高油茶产品的附加值，让广大农户看到种植油茶的希望，以此辐射带动全县贫困户大力种植油茶，形成规模效应，壮大第一产业。与此同时，通过将油茶、中草药等原材料深加工成各种中高端产品，逐步拓展中草药体验、康养、旅游观光、中草药基地培训等第三产业，进一步延伸产业链，使园区基地集三次产业于一体，形成从原材料生产到加工到消费一整套完整的产业链，每一个产业的良性发展都对其他两个产业产生促进作用，第一产业油茶种植套种中草药具有得天独厚的优势，发展前景广阔、势头良好，这就为第二产业提供充足的原材料，通过深加工，培育出市场前景广阔的中、高端产品市场；有了第一产业基地基础设施建设和园区的规模效应，以及第二产业产品的研发和市场的培育，康养、旅游观光、中草药培训等第三产业的发展便有了坚实的物资基础，为其发展提供了基础性的保障。第三产业的强势发展，必将反哺第一产业、第二产业，如此便形成了一个良性循环。

（5）辐射带动的多样发展

特色林业扶贫产业示范园建设是河池市首个连片万亩油茶示范基地。为进一步推进油茶产业发展，环江以实施“一基双带”（基地带动贫困户，大产业带动小产业）的产业示范带动发展模式，对种植大户在资金、技术等方面给予扶持，激励农户、企业投入。在各种优惠政策激励下，县油茶种植面积达 8.91 万亩，其中油茶示范基地 64 个，全县种植户 9100 余户，涉及贫困户 4015 户。2018 年，全县共产油茶籽 1200 吨，产值 2880 万元，覆盖全县贫困户 2710 户 10382 人，贫困户人均油茶增收 1500 元。此外，特色林业扶贫产业示范园建设投产后所获利润，将留取一部分作为全县 18422 户贫困户小产业的发展基金，助推养牛、养猪、养鸭、种植经济作物等小产业发展，进而推进全县产业不拘一格多样发展。

5.2.3　特色林业扶贫产业示范园建设的风险探讨

环江特色林业扶贫产业示范园建设着力打造成自治区级现代

特色林业（核心）示范区，建设中充满了新思想、新理念，很多摸索经验值得我们学习和借鉴。一些学者对特色林业扶贫产业的风险点做过相关研究。有学者对林业扶贫的优势进行研究并指出，林业扶贫存在长期、大额、低成本的融资需求。[①] 有学者研究认为，特色林产品的市场销售情况、林产品企业的经营能力和其对农户的帮扶力度、贫困户的积极性、政府相关政策带动该产业发展的持久性等因素的变化都会对产业脱贫的持久性产生重要影响。[②] 也有学者对林下经济的风险进行了研究并表示，大部分农村劳动力已向城市转移，致使农村劳动力大幅减少，也是发展林业经济面临的风险之一。[③]

通过调研，我们对环江县的林业扶贫运营模式做了分析，发现了几处风险点，这也是所有产业探索性在前进中不断自我完善的必经之路。下面我们就此做一个简要的探讨和分析。

（1）特色林业扶贫产业示范园建设的资金风险

资金作为产业发展的重要物资基础，同时也是重要的生产要素之一，对产业的成败有决定性的作用。据我们调研发现，环江特色林业扶贫产业示范园建设计划投入资金为 3 亿元，分两期投资，其中一期投资 1.51 亿元，资金主要使用于产业园区规划设计、

---

① 何畅，张昭．开发性金融支持林业扶贫的分析与思考［J/OL］．（2020－04－25）［2020－10－25］．https：//doi.org/10.16556/j.cnki.kfxjr.20200418.001.

② 边明明，耿耿，张薇，张翔．我国林业推动农村减贫脱贫模式研究［J］．国家林业和草原局管理干部学院学报，2020，19（01）：48－50，59.

③ 于继伟．发展林下经济助力林业精准扶贫存在的问题及对策［J］．现代农业科技，2020（05）：145，149.

油茶生产工程建设、林下中草药生产工程建设、基础设施及配套基础设施建设等。一期投资的资金来源一是由自治县农投公司融资投入资金1.2亿元；二是争取国家、自治区及市级林业项目资金600万元；三是由自治县林投公司按政策向银行融资贷款2500万元。二期投资1.49亿元，资金主要使用于产业园区相关配套基础设施、油茶及中草药产品加工与综合利用、仓储物流、科普教育、电子商务、休闲度假等建设。二期投资的资金来源主要是通过招商引资或由自治县林投公司向银行融资贷款解决。概括起来，园区建设资金来源方案主要有这么几个渠道，即向银行融资、向社会融资、上级拨款、整合县级财政涉农资金。除了整合县级财政涉农资金，每一块资金来源都不是固定的，都具有不可测性。此外，农业投资一般周期长、资金回笼慢，在园区产业建设过程中，倘若某一个融资环节发生意外，将会直接造成资金链断裂，产业将面临终止的风险。

为了降低融资风险，保障资金来源，在不违背中央关于扶贫专项资金专款专用的前提下，用活、用好扶贫专项资金，我们建议建立一种机制引导贫困户将扶贫资金转为有兜底保障的投资资金，投入园区产业建设，建立起园区经营方到期还本付息的相关协议，切实将贫困户纳入园区产业建设中来，将利益捆绑在一起，形成共建共享，建立命运共同体。由此，即可增加融资渠道，扩大园区产业的资金投入，同时贫困户将扶贫资金转换为投资资金后，参与园区建设发展的积极性也会得到极大提高。

习近平总书记2018年2月12日在“打好精准脱贫攻坚战座谈

会”上提出：坚持加大投入，强化资金支持。脱贫攻坚，资金投入是保障。必须坚持发挥政府投入主体和主导作用，增加金融资金对脱贫攻坚的投放，发挥资本市场支持贫困地区发展的作用，吸引社会资金广泛参与脱贫攻坚，形成脱贫攻坚资金多渠道、多样化投入。

（2）特色林业扶贫产业示范园建设的产业自身风险

特色林业扶贫产业园区建设的产业自身风险主要是指油茶产业在全县大面积种植，出现产能过剩、油茶产品滞销的风险。市场上的任何一种产品，如果前期没有打造响亮的品牌，产品市场没有培育，产品定位失误，又或者市场渠道铺货出现问题，都有可能导致产品滞销。近年来陆续出现的“爱心香蕉”“爱心砂糖橘”“爱心苹果”等助农商品，都是因为没有市场品牌、没有找准市场定位、没有做好市场渠道，造成大量产品滞销。油茶产地有其地域性，产品具有稀缺属性，这对打开中高端市场是有利的。但由于油茶属于农林产品，前期投入大、见效慢，且需要规模效应，目前，环江县在油茶产业招商引资上面临较大困难，全县油茶加工小作坊有 5 家，加工龙头企业仅 1 家（环江伍香源食品有限责任公司），且属于本土化企业，其目前产品品种有限，销售还处于初级阶段，只是零星的订单式销售，其生产加工、对品牌的打造、对区内外市场的培育、对市场的定位、销售的渠道等还都处于起步阶段，做大做强油茶产业还需要采取更为积极的手段。

对此，我们建议针对油茶这种类型的产品，可以尝试将产品定位为中高端，花大力气培育自主品牌，找准消费人群，做通专属销售渠道。

（3）特色林业扶贫产业示范园建设的产业示范带动风险

特色林业扶贫产业示范园建设的初衷是通过产业辐射和带动全县 18422 户贫困户脱贫，乃至致富。但全县 18422 户贫困户，体量其实并不小，这些贫困户个中差异十分明显，贫困程度、致贫原因、脱贫意愿强弱各异。要动员这 18422 户贫困户坚定信念，跟着政府种植油茶，做大做强全县油茶产业并非易事。从目前辐射带动的举措，我们觉得有些地方值得商榷，比如政府通过直接给予现金奖励的方式鼓励贫困户（农户）种植（或扩大）油茶种植面积，亦或是等几年后特色林业扶贫产业示范园建成投产所获利润，将利润作为小产业的发展基金通过一定方式发放贫困户手中，也难以百分之百保证贫困户能通过这连续 5 年的基金扶持发展起自家的小产业，进而保证不返贫。纵观目前农村，特别是贫困地区农村，青壮年劳动力大量流失，坚守在村里的，大部分都是老弱病残幼，如不考虑采取有效措施，抑制农村青壮年人口外流，单把希望寄托于这部分留守人员身上，那么可想而知，特色林业扶贫产业示范园建设的产业示范带动存在较大风险。离习近平总书记讲的“要通过改革创新，让贫困地区的土地、劳动力、资产、自然风光等要素活起来，让资源变资产、资金变股金、农民变股东，让绿水青山变金山银山，带动贫困人口增收”的要求，还有一段路要走，还有许多工作要做，诸如面向贫困户宣传、动员，创新机制把贫困户纳入扶贫模式等，确保形成脱贫产业的内生动力，实现贫困户从根本上脱贫及产业的可持续发展。

5.3 案例推广：特色林业扶贫产业示范园建设可复制推广探讨

林业扶贫产业在我国已有过不少实践及研究。例如，甘肃临夏在生态产业发展上，通过发展优质林果基地及生态旅游、发展龙头企业，不断提升脱贫造血能力，增强脱贫后劲，以此来推动脱贫工作取得有效进展。① 在临近广西的湖南省的部分农村地区同样拥有丰富的林业资源，有学者通过对湖南省林业扶贫模式的研究，指出发展林业扶贫，需要夯实主体责任、加强护林员管理、落实生态惠民政策、推动生态产业发展，如在贫困地区大力发展油茶、竹木加工、森林旅游与康养、林下经济等生态产业，打造4个千亿产业，带动贫困户增产、增收。② 在广西，除了环江县外，也有其他地区开展了林业扶贫工作。有学者将隆林县的油茶产业扶贫示范区总结为“化资源优势为产业优势”，当地采取“林场+合作社+农户”的模式经营，将农户纳入扶贫模式，当地群众以土地和油茶老林入股，示范区建成后将按比例分红，实现林场与农户的双赢。③ 有研究在总结了党的十八大以来林业扶贫的主要方

---

① 王丽. 发挥林业生态扶贫优势 助力打好打赢脱贫攻坚 [J]. 甘肃林业，2019 (05)：23-24.

② 谭浩，吴林世. 发挥林业优势 助力精准扶贫——湖南省林业局开展生态扶贫综述发挥优势优势 [J]. 林业与生态，2019 (10)：10-12.

③ 潘正伟，张挺. 林业扶贫新模式——记隆林各族自治县万亩高产高效油茶产业扶贫示范区 [J]. 广西林业，2019 (11)：6-8.

式、所取得成效时指出了目前普遍存在的问题。例如，我国林业扶贫存在生态补偿标准偏低、贫困户自身脱贫意识及内在动力不足、监督考核机制不完善、基础设施落后等问题，要发展林业产业扶贫，要加快创新林业扶贫融资方式，引导社会资本参与扶贫建设，并形成良好的舆论导向，严格规范考核制度，加强顶层设计。[①]

建设环江特色林业扶贫产业示范园，政府最大的初衷就是通过产业帮助贫困户脱贫及提供后续发展动力，确保脱贫不返贫。其运营模式“公司 + 基地 + 贫困户或农户和‘一基双带’（基地带动贫困户，大产业带动小产业）”的构思新颖独特，立意深远，贴近实际，我们姑且将这种模式称为“CBP + OBTD”（Company + Base + Poor households + One Base Two Drives）。在这个模式运营链上，有几个关键主体，即县委、县政府，县林投公司，县农投公司，龙头企业（环江伍香源食品有限责任公司）、贫困户或农户。他们主要的职责简要概括起来便是：县委、县政府实施顶层设计，全盘考虑，出台政策措施，从总体上把握管控引导；县林投公司负责管护基地、筹措资金；县农投公司负责筹措资金，鼓励和引导贫困户参与基地投资，并发放红利；龙头企业负责加工及销售；贫困户负责种植油茶，并积极参与基地建设。

这个模式要想走得更远、发展得更好，必须要解决好两个关

---

① 吴琼，衣旭彤. 林业扶贫的成效和问题［J］. 林业经济，2018，40（06）：16－19，59.

键问题：一是如何发展好基地本身；二是怎么解决“带动”。这两个问题相互关联、相互制约，即解决好第一个问题，第二个问题便可迎刃而解，而第二个问题的解决，将进一步巩固第一个问题的成果。我们先来看第一个问题，也是环江县委、县政府当务之急要解决好的问题。而解决好这个问题，其关键又在于一是县委、县政府搭的“台子”稳不稳，相应配套的政策措施灵不灵；二是在台上“唱戏”的会不会、唱得好不好；三是有没有观众来看戏、来捧场。这就需要县委、县政府运筹帷幄、全盘考虑，做好顶层设计，谋划好发展路线，协调好各方关系，动员好各方力量，凝心聚力、聚精会神地搭好特色林业扶贫产业示范园基地建设这个“台子”；需要县林投公司全力以赴把基地管护好，把基地基础设施建设好，为后续康养、农旅、中草药培训等第三产业发展项目奠定坚实基础；需要县农投公司全身心投入做好融资及后续建设发展资金筹措，引导动员好贫困户由农民变股民，参与到基地建设中来；需要本地龙头企业全心全意做好油茶等原材料深加工及销售；需要广大贫困户以全民皆兵的精神，积极投身到油茶种植中去，不仅要当好观众给搭台唱戏的人鼓掌捧场，更要把自己作为演员，主动配合。第二个问题是深受第一个问题影响的，如果示范产业园区基地发展好了，那么“带动”也将不再成为问题。一方面，示范产业园区基地发展好了，可以提振广大贫困户的士气，让贫困群众能够看到政府主导的油茶产业及后续拓展的产业是能够赚钱的，是有奔头的，那么广大贫困户将会坚定地、务实地跟着政府走，大力种植油茶；另一方面，示范产业园区基地发展好了，有了可观的盈利，那么广大贫困户发展小产业的资金来源就有了保障。而有了资金，同时辅以激励机制及产业发展指导、培训等技术性保障，贫困户的小产业没有理由发展不起来。相反，如果示范产业园区基地发展不起来，将会大大挫伤贫困户的士气，而没有为他们带来实实在在的利益，苦口婆心的宣传鼓动将变得苍白无力，奇思妙想的发展思路将成为纸上谈兵，辐射带动的发展理念将遥不可及。

任何一个发展模式，无论成败，都历经探索。中国特色社会主义道路也是经过几代人艰苦卓绝的探索，才有了今天举世瞩目的成就。环江特色林业扶贫产业示范园建设模式，尽管正处于探索实施阶段，但其模式构建、发展思路、发展理念还是有很多地方值得我们学习借鉴的。但是，学习借鉴不等于生搬硬套，此模式的迁移需要特别注意以下几个条件。如果能够同时满足这些条件，则可以复制推广。

5.3.1　条件一：资源禀赋

经济学中对要素禀赋理论做出了一般的解释。要素禀赋是农业生产活动中所需要的基本的物质条件和投入要素，它包括自然资源、劳动力、资本、技术等传统的生产要素，还涵盖制度、信息、管理等现代生产要素。要素禀赋理论在提出之时，一般用来表示由于各国的地理位置、气候条件、自然资源蕴藏等方面的不同所导致的各国专门从事不同部门产品生产的格局，到如今在农产品的相关研究中通常演化为区域农产品比较优势理论。区域农产品比较优势的理论基础就是来源于国际贸易理论中的比较优势理论体系，而比较优势的产生来源于资源禀赋。以下我们将对影响特色园区建设的资源条件做阐释。

（1）自然资源

自然资源主要包括土地资源、水资源、矿产资源、生物资源、气候资源（光、温、降水、大气）和海洋资源六大类。我国发展较落后的农村地区一般处于较为偏僻的地方或山区，交通较为不便，但很多丰富的自然资源也因此得到完好的保留。环江县地处桂西北，境内植被保存完好，生态环境优良，是广西第三林业大县，拥有木论和九万山两个国家级自然保护区，同时属于亚热带，气候温暖湿润，适合种植油茶，是广西油茶的传统种植地和重要产区，这是发展油茶产业的先决条件。

拓展资料：

油茶生长习性：油茶喜温暖，怕寒冷，要求平均气温16～18℃，花期平均气温为12～13℃。突然的低温或晚霜会造成落花、落果。油茶生长要求有较充足的阳光，否则，只长枝叶，结果少，含油率低；要求水分充足，年降水量一般在1000毫米以上，但花期连续降雨，会影响授粉；要求在坡度和缓、侵蚀作用弱的地方栽植；对土壤要求不甚严格，一般适宜土层深厚的酸性土，而不适合石块多和土质坚硬的地方。

资料来源：笔者在环江特色林业扶贫产业示范园的调研，2019年4月21日。

（2）人力资源

劳动力的充足性及素质高低对区域农产品的比较优势有决定性影响。区域劳动力越充足、素质越高，创造区域农产品比较优势的可能性就越大。目前，在我国绝大多数农村地区，农林业发展还没达到西方发达国家实现机械化的水平，主要依靠的还是人的精耕细作。油茶产业属于劳动密集型产业，离不开大量的人力劳动。如果没有大量的人力支持，产业也将难以持续发展下去。当前由于我们国家经济发展水平不平衡、不充分，大量农村劳动力流向“北、上、广、深”等发达地区，出现农村劳动力严重不足的局面。因此，减少劳动力外流也是许多地方政府要花大力气解决的事情。

（3）技术资源

发展产业离不开科学技术的指导。随着现代农业技术的发展，技术资源在更大程度上影响了产业的发展成果。技术进步主要从两个方面影响区域农产品的比较优势：一是降低单位农产品生产成本，二是提升农产品的质量。特色林业同样需要技术的支撑。环江特色林业扶贫产业示范园建设基地油茶种植及林下套种中草药的项目技术支撑由国家林业和草原局调查规划设计院、林产工业规划设计院及广西林业科学研究院共同提供，主要在油茶良种选育、新技术育苗基地建设以及丰产栽培和低产林改造等方面给予系统的技术指导和培训，同时派员到现场指导油茶修枝整形、施肥等。

（4）经济资源

经济资源对区域农产品的比较优势也有较大影响，通过加大资本投入可以改善原有的农业生产条件，促进农业科技进步，进而促进结构升级，使区域农产品生产结构和产品结构合理化、高级化，有利于农业生产结构和产品结构朝着更好地发挥比较优势产业和产品的方向发展，从而提高区域农产品的比较优势水平。经济资源作为产业发展的重要条件之一，其对产业发展的作用主要体现在提供强大的物资基础。产业的发展需要各方面协同配合，牵涉人力、技术等，都需要资金来维持正常运转，否则，无论是基础设施建设、原材料生产、加工，还是产品销售，乃至售后服务等，只要任何一个环节的资金跟不上，出现资金断裂，那么整个产业就有面临被迫关停的风险。

5.3.2　条件二：市场需要

市场上的价格是由供求关系决定的。常听到“理财有风险，投资需谨慎”的说法。同样，做产业也有风险，必须做好市场需求调研，尽可能减小由于需求调查不全面而导致的供给失衡的风险。油茶是我国特有的木本食用油料植物，在我国已有2000多年的栽培历史。它具有很高的经济价值和食用价值，油茶籽含油30%以上，被广泛应用于化工、轻工、食品、饲料等生产加工领域。油茶的不饱和脂肪酸含量高达90%，是世界公认的保健食用油，具有降血脂、降血压、软化血管之功效，其性能与作用超过棕榈油。油茶精油为茶树提取物，具有消炎，收敛毛孔，治疗伤风感冒、咳嗽、皮炎、哮喘等功效，能够有效治疗化脓伤口及灼烧、晒伤及头屑。油茶生长在中国南方亚热带地区的高山及丘陵地带，是中国特有的一种纯天然的高级油料，主要集中在浙江、江西、河南、湖南、广西五省（区）种植。这五省（区）年产量仅为 20 万吨左右。油茶特殊的生长环境以及其广泛的用途，特别是在食用和护肤上具有优越的性能，决定了它在全国乃至全世界具有广阔的市场拓展空间。

5.3.3　条件三：农民意愿

有学者通过研究建议，将扶贫与扶知识、扶能力结合起来，提高贫困人群的发展意识和能力①，才能从根本上实现减贫。产业扶贫需要充分依靠农民的支持，扶贫产业的发展如果得不到农民的配合和支持，不管政府花费多大的力气和精力，注定是徒劳的。这就好比政府用足了力气，一拳打在了棉花上，由于没有受力体，也就不会有或者很少反作用力回馈。所以，政府在决定发展产业前，必须做足民意调查，做足宣传动员，进村入户了解真实民意，只有了解了农户的真实想法和需求，政府决策才能有的放矢。

5.3.4　条件四：顶层设计

要想提高扶贫的长期性和稳定性，政府的职责应更侧重于改善服务，政府可以在帮助林农提供市场信息、提供培训途径、维护林农权益、加强市场监管等方面发挥更好的作用。有学者指出，政府部门应

① 边明明，耿耿，张薇，张翔．我国林业推动农村减贫脱贫模式研究［J］．国家林业和草原局管理干部学院学报，2020，19（01）：48－50，59．

当不断完善各种扶贫政策和规章制度、法律法规等，要科学地计划、制定经济发展的道路，落实农户帮扶措施，同时要设立管理部门，落实各项职能与职责，加大对各部门的监管力度①。有学者对江西省林业产业生态扶贫的研究认为，建立可持续林业生态产业扶贫政策保障制度必须与林地经营客观规律精准融合，形成国家生态建设与贫困户可持续脱贫的共赢的反贫困综合治理机制②。因此，扶贫产业能否有效推行，在很大程度上取决于政府的顶层设计及其执行的效果。

政府若要着力打造一条依靠油茶产业助力脱贫的产业链，则必须事先对油茶产业全链条全盘考虑与谋划，通过顶层设计，把“公司+基地+贫困户或农户和‘一基双带’”的这套扶贫模式中的关键环节和主要步骤予以明确。其中，关键环节主要包括：前期关于基地建设的可行性研究报告和总体规划、基地选址、基地建设资金融资、基地基础设施建设、基地管护、基地成果销售、基地利润分配等。主要步骤：一是前期评估，即对整个基地产业进行客观、科学的可行性评估；二是评估通过后形成总体建设规划；三是按照总体规划制定具体落实方案，明确相关职能部门职责，即哪个部门负责融资，哪个部门负责基础设施建设，树苗培育或采购及基地管护，哪个部门负责基地产品销售等；四是明确与哪些单位进行合作，比如技术合作或指导，生产加工合作等；

① 张光辉，邱鹏飞．林下经济产业发展存在的问题与措施［J］．中国林业经济，2015（5）：37－38.

② 周丙娟，陈胜东．林业产业生态扶贫的实践及长效运行机制研究——基于江西省的调研［J］．宜春学院学报，2020，42（02）：50－57.

五是建立相应机制把贫困户纳入整个基地建设当中；六是把基地盈利一部分作为发展基金，通过“项目”申报的方式发放给贫困户发展小产业，作为脱贫后续发展动力。

写作后记：

环江特色林业扶贫产业示范园建设模式，或许在中国大地上许多地方也曾出现过，但其“一个基地，两类植物，三个产业”的创新发展理念却鲜有可见。也正是基于此，笔者从南宁驱车到环江，深入环江特色林业扶贫产业示范园调研，亲身感受和体验，对环江特色林业扶贫产业示范园建设的模式及其运营链条上的主体、亮点（经验）、可能存在的风险做了系统梳理，对这一套模式的复制推广性，从资源禀赋、市场需求、农民意愿、顶层设计等条件予以分析。笔者认为，只有同时满足这几个最基本的条件，此套模式才具备复制推广的价值。

其实每一种模式都有其特殊性，就如同世界上没有两片完全相同的树叶，发展模式也不可能完全一样。不管是成功模式，还是失败模式，对后人来说都有借鉴意义。各地方要发展自己的产业，关键还是要立足本地实情，对成功的模式要结合实际活学活用，对失败的模式要加以规避，少走弯路。本案例倘若能达到可资借鉴目的，那便是对笔者写作最大的鼓励，也是笔者写作的意义所在。

第 6 章

产业扶贫的模式和潜力探索

——广西都安编织工艺品产业助力精准扶贫案例分析

6.1　案例记录：编织工艺品产业带动农户脱贫致富奔小康

“脱贫只是第一步，更好的日子还在后头。”2019年4月，习近平总书记给云南省贡山县独龙江乡群众回信，对独龙族扶贫中编织独龙毯等文化产业扶贫实践给予肯定。① 2020年4月，习近平在陕西考察时指出，要瞄准突出问题精准施策，做好剩余贫困人口脱贫工作，因地制宜发展区域特色产业。②《“十三五”时期文化扶贫工作实施方案》提出，以革命老区、民族地区、边疆地区和集中连片特困地区为重点，加大文化扶贫的政策和资金扶持力度。发挥文化在脱贫攻坚工作中“扶志”“扶智”作用。到2020年贫困地区文化建设取得重要进展，文化遗产得到有效保护，文化产业实现长远发展。③

---

① 肖依群，杨国勤．习近平总书记给独龙江乡群众的回信引发强烈回响 文化发展将进一步巩固脱贫成果［EB/OL］．（2019-04-17）［2020-10-31］．http：//wenhua. youth. cn/whdj/201904/t20190418_11929724. htm.

② 张志根．习近平陕西行丨为决胜脱贫而战［EB/OL］．（2020-04-25）［2020-10-31］．http：//www. cpad. gov. cn/art/2020/4/25/art_624_120121. html.

③ 任晶希．文化部发布《“十三五”时期文化扶贫工作实施方案》［EB/OL］．（2017-06-09）［2020-10-31］．http：//www. gov. cn/xinwen/2017-06/09/content_5201138. htm.

6.1.1 案例概况

都安瑶族自治县（以下简称“都安”）是全国扶贫开发重点县，隶属于广西壮族自治区河池市，共二十几个民族，被誉为中国竹藤草芒编织工艺品之乡。多年来，在全县政府和人民的不懈努力下，通过社会扶贫、劳务输出、民生工程建设和产业扶贫等方式，全县贫困人口数量大幅下降，老百姓逐渐过上富足的生活。其中，20 世纪 70 年代以来编织工艺品产业为都安的发展和农户脱贫致富做出非常重大的贡献。都安竹藤草芒编织历史悠久、品种丰富、做工精巧、外形美观。自 20 世纪 80 年代起，都安编织工艺品产业开始建立，并不断发展壮大。到了 90 年代，随着市场经济的迅速发展，都安编织工艺品产业规模逐渐扩大，全县成立了 21 个大小编织公司或编织厂，由竹编为主发展到以藤编制品为主，产品达 1000 多种，产品远销荷兰、比利时、澳大利亚、日本、英国、美国等国，享誉海内外，为全县人民创造了大量财富，加入编织行业的乡镇和农户也逐渐走上脱贫致富之路。

其中，1998 年出口销售额达 3000 万元。据不完全统计，当时全县有地苏、东庙、三弄等 11 个乡镇 51 个村委会 23500 多户 6 万多人从事编织工作，农民仅编织业一项年收入就在 1500 万元以上，部分农户步入了小康行列。2005—2007 年全县编织工艺品销量趋向顶峰，每年销售额达 2 亿多元，大量贫困户消除贫困。2008 年金融危机之后，都安编织工艺品出口量开始出现下滑趋势，每年出口额也从最高的 2 亿多元下降到 1 亿多元。2015 年，都安县共有竹藤草芒编织企业 27 家，年出口交货值为 11779 万元。[①] 2016 年，全县共有竹藤草芒编织企业 34 家，全年出口额 1333.17 万美元。[②] 2018 年，都安各类编织工艺品销售额约 2 亿多元，解决农户就业人数 1 万多人。虽然部分编织工艺品企业出现开工不足、产品利润下降等情况，但绝大部分企业依然正常开工运营，依然为都安的发展、为广大贫困户脱贫致富做出积极而重大的贡献。

6.1.2　个案一：大定村——编织工艺模范村

2011 年，仅都安县地苏乡大定村竹藤草芒编织业就完成出口交易额达 7600 万元，上缴税金 560 万元。全村 95% 的群众参与编织业（见图 6－1），85% 以上的群众依靠编织业走上致富之路，农

图 6－1　大定村韦小香在手编花篮[③]

① 都安瑶族自治县地方编纂委员会．都安年鉴 2016［M］．南宁：广西人民出版社，2016.

② 都安瑶族自治县地方编纂委员会．都安年鉴 2017［M］．北京：线装书局，2017.

③ 甘剑伟，黄译贤．小花篮大产业——都安县竹藤编产业发展纪实［J］．广西林业．2015（03）：15－16.

民人均纯收入达6860元。[①] 几年来，大定村先后荣获“全区文明村”“全区农村党员大培训十佳村”“全区先进基层党组织”“全国创建文明村镇工作先进村镇”“全国民主法治示范村”“全国先进基层党组织”等荣誉称号。[②]

6.1.3 个案二：广西都安丹阳编织有限责任公司——都安编织业的开拓者

广西都安丹阳编织有限责任公司成立于2004年，地处自治县地苏镇丹阳村，占地面积9000平方米。其前身为都安丹阳编织厂，创办于1980年。公司从最初的家庭作坊雏形发展成集技术研发、产品收购、加工、装运、出口为一体的规模化生产企业。2004年，公司取得了自营出口权，注册资金为人民币100万元，为私营内资企业，资产近3100万元，年生产能力达1000多万美元。产品生产执行“以销定产”，为河池市编织行业最大生产规模、建设规模的企业。公司拥有企业技术人员和管理人员350人，固定资产1200多万元，年产值4000多万元以上，每年为贫困农村户带来经济效益2800多万元，使每个参与编织行业的农户迅速解决温饱、脱贫致富奔小康。2015年公司销售额6500多万元（出口额1000多万美元）。

---

① 沈阳市民委考察组到都安考察学习 借鉴都安模式推动少数民族村寨发展［EB/OL］.（2012-04-11）［2020-10-31］，http：//news.hcwang.cn/news/2012411/news408396241.html.

② 韦晓宁．藤条上的艺术——走进地苏，感受“中国编织之乡”的发展魅力［J］．法制与经济（上旬），2012（07）：38-40.

公司的主要产品为各式各样的花篮、枪篮、墙篮、吊篮、动物篮等家居园林用品及其他工艺品。材料均采用于大自然中的各类藤、草、芒、柳、竹等。产品销往英国、荷兰、德国、意大利、法国、比利时、美国、澳大利亚、新西兰、日本等国家及中国台湾地区。公司的运作模式是"农户＋公司"。根据本地大石山区的实际情况，公司利用当地可再生的藤、草等资源及农村剩余劳动力，通过自身传统的编织技术、群众基础支撑，变废为宝，合理开发利用当地资源来拓展国际市场，通过多种门路，寻找更多资源，打造环保型的编织工艺品出口、让全县更多的贫困户加入编织市场和加工队伍中来，增加国家财政、企业以及农民的收入（见图6－2、图6－3）。[①]

图6－2　外籍人士在都安地苏乡丹阳村编织工艺品厂参观

① 都安瑶族自治县地方编纂委员会．都安年鉴2018［M］．昆明：云南科技出版社，2018．

图 6-3　都安地苏乡丹阳村农户编织现场

6.1.4　个案三：广西都安宏艺工艺编织厂——紧跟时代步伐，做精做大编织业

广西都安宏艺编织厂成立于2012年，位于自治县地苏镇新苏村弄略队，占地面积5000平方米。该厂创立之初主要生产藤圈、花篮等手工艺品，2017年正式引进丝花制作工艺。2016年全厂职工100人，产值500多万元，2017年产值达1000万元，待丝花工艺稳定发展后产值将达到2000万元，为300个贫困户解决温饱问题①。该厂生产的藤圈、花篮采用纯天然的藤条制作，将产品外发并定期回收至厂内修剪打包并装运，最终产品大量运送至广东等地。丝花工艺主要由纺布制成的高级仿真花，采用优质环保布料及染料，产品精巧美观。除在厂内组装外，该厂还在县内设立多个外发点，实现部

① 都安瑶族自治县地方编纂委员会．都安年鉴2018［M］．昆明：云南科技出版社，2018．

件生产、产品组装、包装运输一体化的生产方式。

该厂根据本地的自然条件以及实际情况，合理利用自然资源及劳动资源，促进当地经济发展，为大量返乡农民工及留守妇女提供就业岗位，使更多贫困户的生活得到了保障。工厂旨在寻求更多、更大、更强的发展机会，努力实现由生产半成品到生产成品的流水线生产，不断加强产业创新、细化工厂管理，形成新时代背景下富有蓬勃生命力的可持续发展产业（见图 6－4）。

图 6－4　都安宏艺工艺编织厂员工工作现场

6.2　案例分析：编织工艺品产业助力精准扶贫

自改革开放以来，中国编织工艺品作为出口导向型产业，一直占据世界编织工艺品出口的主导地位。[①] 有学者通过实证研究，

① 王馨誉．中国编织工艺品出口贸易的促进研究［D］．北京第二外国语学院，2018.

得出中国编织工艺品行业国际市场占有率、TC 指数、RCA 指数大，国际竞争力强，其国际竞争力主要来源于价格优势的结论。[①]所以，编织工艺品行业前景看好，而都安地处广西，与东盟各国联系紧密，拥有出口编织工艺品的地理优势。

编织工艺是我国重要的非物质文化遗产，其丰富的传统民族文化内涵本身是一种文化资本。布尔迪厄认为，文化资本泛指任何与文化及文化活动有关的有形及无形资产，尽管文化资本不能像经济资本那样实行定量化操作，但它同样发挥着与金钱、物质财富等经济资本类似的作用。[②] 故而，都安作为一个多民族融合的特色地区，发展编织工艺品产业，不仅有助于保护、传承、弘扬传统民族文化，也成功将自身的文化资本转化为生产力，助力脱贫攻坚，带动地区经济发展，发挥文化效益和经济效益双收的协同效应。

都安政府利用其编织工艺品的文化优势，大力发展编织工艺品产业，使其规模化、产业化，使优秀的民族手工艺文化通过经济利益联结的方式和村民的生活紧紧联系在一起，编织工艺文化不再是唯恐后继传承无人的"阳春白雪"，而成了村民生活中必不可少的"下里巴人"，更是贫困户养家糊口的"救命稻草"。

---

① 肖兰珍. 中国编织工艺品行业国际竞争力实证研究 [J]. 轻纺工业与技术. 2012, 41 (04): 54-58.

② 布尔迪厄, 华康德. 实践与反思——反思社会学导引 [M]. 李猛, 李康, 译. 北京: 中央文献出版社, 1998.

6.2.1 编织工艺品产业助力精准扶贫模式分析

（1）产业模式

一般而言，产业扶贫具有两种具体的模式，即政府主导的产业扶贫模式和企业主导的产业扶贫模式。① “政府+企业+农户”的产业模式则是集两者之长，政府和企业同时发力，助力贫困户脱贫。都安编织工艺品产业模式主要采取“政府+企业+农户”的模式，精准助力脱贫。

①基本模式。都安编织工艺品产业采取“政府+企业+农户”的模式推动编织产业助力精准扶贫，具体模式为：政府支持+编织企业设计并推介样品+客户下订单+编织企业备齐模具、材料+编织企业分配订单至农户及技术指导+农户根据所领订单编织工艺品+编织企业收回工艺品+编织企业对工艺品深加工+编织企业装箱发货至客户并收回货款。

②政府角色。政府的角色一般为指导性的角色，起到指向性及监管的作用。都安县委、县政府一直积极鼓励、支持编织工艺品产业的创立和发展。为做大做强编织工艺品产业制定各种扶持和优惠政策，做好相关环节的引导和服务工作，为编织工艺品产业的成长创造良好的条件，并多方调研、积极宣传。

③企业角色。企业的角色主要是技术的引导者、支持者，是编织工艺品产业中的“领头羊”。企业的主要职责如下：

---

① 蒋永甫，龚丽华，疏春晓．产业扶贫：在政府行为与市场逻辑之间［J］．贵州社会科学．2018（02）：148－154.

首先，编织工艺品企业以传统编织技术为基础，根据经验，结合客户意见及灵感设计出编织工艺品样品。设计好样品后，企业携样品参加东盟博览会、广交会等，通过样品展示吸引客户参观（见图6－5）。客户可直接下单，初步达成购买意向。编织企业还通过互联网向中外客商宣传推介都安编织工艺品，对有购买意向的客户可直接通过互联网下单。

图6－5　都安编织工艺品在广交会上得到外商的青睐①

其次，编织工艺品企业根据订单或备货量开始组织加工模具，采集、收购原材料等，或将该环节工作承包给二行老板。二行老板，即当地依附、服务于编织工艺品企业，给农户分派订单，并从农户手中直接收购编织工艺品并出售给编织工艺品企业的二级

① 韦晓宁．藤条上的艺术——走进地苏，感受“中国编织之乡”的发展魅力［J］．法制与经济（上旬）．2012（07）：38－40．

老板的称谓，类似于分包商。

再次，编织工艺品企业将订单及模具、原材料等分派给农户，由农户实施编织工作。待农户按要求编好半成品工艺品后，企业或二行老板统一进行收购。

接着，编织工艺品企业对收到的半成品工艺品进行深加工，通过消毒、润漆、晒干等工序将半成品工艺品加工成全成品，并储存待售。

最后，编织工艺品企业根据订单情况，将工艺品打包、装箱、发货给客户，实现销售行为并收回货款。个别时候，编织工艺品企业通过与贸易公司、洋行合作，由对方包销工艺品。对于货款的支付，一般使用信用卡支付，通过银行担保，使工厂及时回笼资金。除货物出现问题外，外商一般积极支付货款，不存在外商不付货款的情况。偶尔出现国内客户欺骗、拖欠货款情况。

④农户角色。农户作为帮扶的对象，是编织工艺品产业中的主力军，为编织工艺品提供劳动力，完成具体的编织工作。农户的主要职责如下：农户根据编织工艺品企业或二行老板的要求编织工艺品，待编织完成后交付企业或二行老板并结清货款。其中，编织者多为留守老人、妇女、其他缺乏谋生技能或暂时闲居家中的农户，其中多为贫困户。此类人员较难在外谋取相应工作或无法外出务工，可于照顾小孩、农忙或工忙之余加入编织行列。借助本地编织厂，他们既可在家照顾家庭，又可工作创收，以此解决大量贫困户就业、收入问题，实现脱贫。

编织工艺品产业模式流程图如图 6－6 所示。

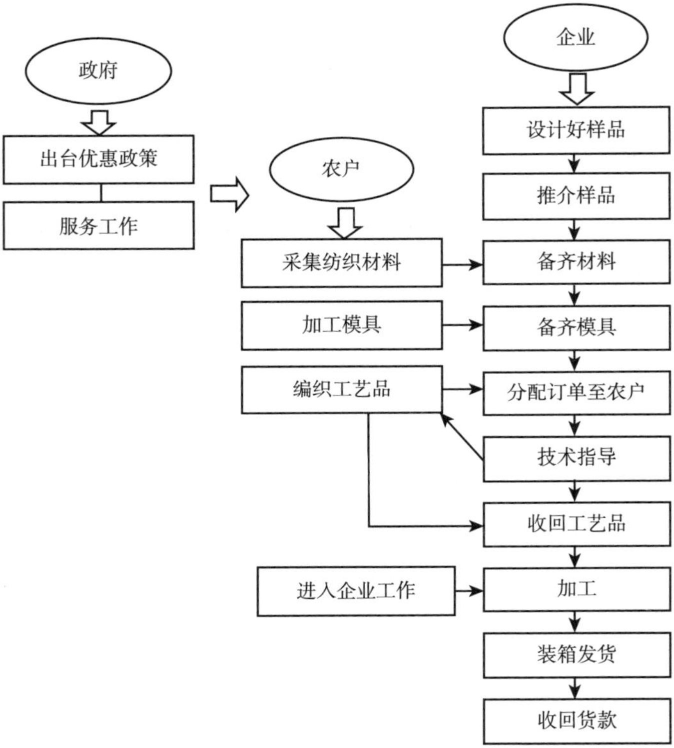

图 6－6　编织工艺品产业模式流程图

（2）产业助力精准扶贫手段

产业精准扶贫作用机制是通过利益相关方共同对土地、资本和劳动力等生产要素进行匹配的过程。产业精准扶贫突显了贫困户的主体性作用，着重强调贫困户自身拥有的土地、劳动力要素的参与，真正建构了多主体、多要素参与的长效机制。[①] 都安编织

① 刘建生，陈鑫，曹佳慧. 产业精准扶贫作用机制研究［J］. 中国人口·资源与环境. 2017，27（06）：127－135.

工艺品产业中，农户、企业、政府通过利益联结的方式紧紧联系在一起，合作共赢，共享产业发展的红利。

在编织工艺品产业模式下，贫困户通过编织工艺品企业提供的机会，可随时加入编织大军，为企业编织工艺品，通过出售工艺品获取报酬，解决就业机会少、收入难的问题，从而实现脱贫致富。

同时，在都安有部分农户通过种植、上山采集、外地收购并出售编织所需竹、藤、草、芒等材料实现创收，亦可通过为编织工艺品企业加工模具而创收。

另外，部分农户通过招工进入编织工艺品企业工作，解决就业创收问题，从而实现脱贫。

通过编织工艺品产业扶贫，开阔农户视野，培养农户商业意识，也培养出一些贫困户出身的老板，这类老板再带动身边的农户就业创业，形成良性循环。

（3）产业助力精准扶贫深入千家万户

都安县财政局，各乡党委、乡政府等有关政府部门联合编织工艺品企业不定期在各乡镇、村举办多种类型编织技能培训班，广泛推广编织技能，吸引广大贫困户加入编织行业。此举不仅发扬光大都安编织传统，还使都安编织产业不断注入活力，不断发展壮大，为都安经济发展做出更大贡献，同时使大量贫困户掌握更多谋生技能，不断加入编织行业，充分利用一切机会脱贫致富。各编织工艺品企业还根据需要安排企业技术能手深入各乡镇、村传授、指导农户开展编织工作，确保新老编织户熟悉、提高编织技术，提高编织速度，增加收入。同时，各级政府还不定期举行编织技术比赛，对速度领先者进行奖励（见图6－7）。通过比赛，提倡全民懂编织，努力提高农户编织技能，提效增收。都安百美福安帽业老板韦汉克一语道破都安编织工艺品产业的功绩：一般会编织的地方，老百姓的生活条件普遍会比其他地方好。

图6－7　都安县地苏乡镇安村举行编织技能比赛

拓展资料：

都安县隆福乡六山村2019年预脱贫户增收技能培训班

2019年4月，都安县财政局联合隆福乡党委、编织工艺品企业在隆福乡六山村举办了预脱贫户增收编织工艺技能培训班（见图6－8）。通过培训，传授广大贫困户编织技能，使贫困户积极加入编织行业，提高收入，早日实现脱贫。

图6－8　都安县隆福乡六山村预脱贫户在学习编织技能

（4）产业“扶贫车间”

“扶贫车间”是一种具有营利性质和扶贫性质的经济组织，通过鼓励村集体、企业或个人在村内设置产品加工车间，租用村小学旧址、闲置农宅等为生产经营活动场所，从事轻工业品和农副产品初级加工等劳动力密集型工作①。

“扶贫车间”在都安易地扶贫搬迁实践当中应用广泛。其中，八仙新村、巴坦、东庙、下坳、七星小区等安置区目前均设有“扶贫车间”，仅在八仙新村就有4个编织分厂，且已有编织企业开始入驻安置区。通过编织产业和其他产业配套，使搬迁户不仅解决住的问题，也解决了就业和收入问题。因部分安置区楼房还未竣工，搬迁户还未入住，故部分安置区编织厂还未开工。对于

① 童永胜，张光新．“扶贫车间”如何充分调动农村闲置劳动力［J］．农经．2018（06）：92－95．

搬迁户，因迁离原来住处，难以继续耕种，故将依靠“扶贫车间”提供就业岗位谋生。同时，搬迁户多数文化水平较低、没有技术专长，编织工艺简单易学，便于搬迁户迅速学会并投入编织工作。都安财政局还联合人社局、编织企业等在安置点举办编织技术培训，让贫困户短时间内迅速掌握编织技术，快速投入编织工作（见图6－9）。

图6－9　都安三只羊乡易地扶贫搬迁安置新区贫困户在编织藤篮

6.2.2　编织工艺品产业助力精准扶贫条件保障及存在问题分析

“贫困之冰，非一日之寒；破冰之功，非一春之暖。”习近平总书记同菏泽市及县区主要负责同志座谈时说道。所以，编织工艺品产业助力精准扶贫需要提供相应的条件保障，久久为功，不能搞政绩工程、面子工程，扶贫的实践道路中遇到问题在所难免，而破解的关键在于勇于实践，积极探索，总结经验，及时改进。

（1）政府宏观管理，积极协调

都安县委、县政府热切关心都安编织工艺品产业的发展，积极从政策、产业管理上给予支持，对于存在的问题及时进行协调、沟通和处理，并就如何壮大都安编织产业进行调研、宣传、指导等。据都安社会科学界联合会主席韦炳旺介绍，昔日都安县地苏乡曾发行关于地苏编织产业的简报，并将简报报送县四大领导班子以供研究决策使用。

（2）政府、企业、贫困户三方合作，发展共赢

都安县通过政府宏观引导、组织、管理，编织工艺品企业积极配合、实施培训、技术指导，贫困户积极参与等三方合作实施产业扶贫，三方共赢。通过三方合作，政府不仅解决贫困户就业、创收等民生问题，也提高了政府财政收入，还无形中培养了一批就业创业能手；编织工艺品企业在三方合作中，不仅培养一大批编织大军，也提高了编织工艺品产量和企业收入，实现企业可持续发展；贫困户通过三方合作不仅学会了编织谋生技能，实现多渠道创收，还开阔了视野、培养了经商意识，达到解决温饱、脱贫致富的效果。

（3）市场需求稳定，确保行业平稳运转

据都安宏艺工艺编织厂老板韦宏生和都安百美福安帽业老板韦汉克介绍，几十年来编织工艺品厂大都长期收购手工工艺品，只要有货均有人上门收购。都安编织工艺品10年有8年处于供不

应求的状况，企业所囤积货物一般均可售罄，甚至出现订单量大而无法完全接单的情况。同时，客户对于编织品的需求一年四季都在发生，为备货待售，以防客户下单急来不及备货，甚至出现无法接单的情况，编织工艺品企业大都预囤货物。都安宏艺工艺编织厂和都安百美福安帽业一般预囤 3 个月价值 100 万 ~200 万元的货物。当订单交货期较长时，编织企业可在接单后安排加工。这样做可保证农户一年四季无论刮风下雨均有编织工作做，每年收入稳定。

（4）行业基础良好，为精准扶贫保驾护航

都安从 20 世纪 80 年代开始创办编织工艺品产业，至今已有近 40 年历程。通过多年摸爬滚打，都安编织工艺品产业已拥有成熟的销售渠道、技术、资金、人力资源等一系列基础，并培育了较为成熟的国内、国际市场，在整个产业链中处于稳定地位。良好的行业基础为都安编织工艺品产业助力精准扶贫提供了稳定、有力、持续的支持，使参与的贫困户从该产业中长期受益，实现脱贫。

（5）资源充足，确保企业开工运营

依靠资源发展起来的产业离不开充足的、源源不断的资源流入，编织工艺品产业亦是如此，尤其离不开大量的编织原材料。都安编织工艺品企业主要根据本地大石山区的实际情况，合理利用本地大自然中可再生的藤、草、芒、柳、竹等作为原材料，通过多种途径，寻找多种可再生资源，打造环保型的编织工艺品。此类原材料大都一年四季均在生长，且都安作为大石山区，漫山遍野长有藤、草、芒、柳、竹等，可为编织工艺品企业提供源源不断的编织材料。同时，广西其他地区及附近省份气候相似，山间、野外生长的植被相似。若出现编织材料不足的情况，企业可赴周边的南宁、玉林、百色、崇左以及贵州、云南等地收购，甚至可到东南亚国家去采购。企业还可开发其他替代品材料，诸如水葫芦、毛草等。对于个别塑料类的工艺品，企业可从市场上获取足够的原材料。由此，编织工艺品企业无须担心原材料资源问题。

（6）为民谋利，确保行业健康发展

都安是全国扶贫开发重点县、全国深度贫困县，全县九分石头一分土，山多地少，在当地就业机会少，收入来源少。都安编织工艺品产业顺应当地实情而生，为当地解决了大量就业问题，也为大量贫困户带来希望和收入。大部分贫困户因其能力和劳动技能有限，就业机会少，一般只适合从事相对简单的工作，参与编织工作是比较适宜的就业创收、补贴收入的方式。同时，部分农户由于照顾家庭、年老、农忙、无工可做等原因闲赋在家，在无其他创收渠道的情况下，为补贴家用，通过参与编织劳作，每天可得到 20 ~ 50 元不等的收入，在农村，一个人的编织收入可基本满足家庭日常开支。可见，编织工艺品产业的存在符合农户利益，农户也乐于支持与参与。

拓展资料：

编织致富的楷模

据都安社会科学界联合会主席韦炳旺介绍，都安拉烈乡有个有名的贫困户，无甚劳动技能，因坚持搞编织多年，每年有五六千元的编织品收入，平时花销又少，多年下来积攒了上万元的积蓄，摘掉了贫困帽，在当地小有名气。

（7）机制与保障创新

编织工艺品产业的存在虽有各类因素作保障，但为使该行业能快速、健康发展，政府及企业可研究通过制定制度、成立行业协会、多方位宣传、科学管理、筹融资支持、技术支持、推进行业横纵向发展等举措确保产业可持续发展，不断朝着利国、利民、利企的方向发展。

（8）存在问题及解决办法分析

当前，不少产业扶贫在实践中面临着贫困人口参与能力缺失化、产业选择短期化、扶贫资源分散化①、精英捕获和弱者吸纳、规模经营不善、后续维护不足②等问题。编织工艺品产业扶贫存在的问题主要如下：

①编织工艺品企业管理不善。部分编织工艺品企业由于投资决策失误、野心膨胀、资本挪作他用等原因，未能妥善经营编织工艺品主产业，出现亏本乃至停产等现象。个别企业还出现出售资产抵偿外债的情况。

②市场竞争加剧，部分编织品需求下降。由于国际、国内编

① 郭晓鸣，虞洪．具有区域特色优势的产业扶贫模式创新——以四川省苍溪县为例［J］．贵州社会科学．2018（05）：142－150．

② 杨龙，李宝仪，赵阳，等．农业产业扶贫的多维贫困瞄准研究［J］．中国人口·资源与环境．2019，29（02）：134－144．

织工艺品企业乃至本地企业竞争加剧，甚至出现恶意竞争情况，造成编织工艺品成交量下滑，利润逐渐降低。同时，由于国际市场风云变幻，尤其 2008 年金融危机后，国内外对部分品种的编织工艺品需求下降，影响了编织工艺品企业的发展。

③成本上升，农户手工费下降。由于材料价格、国内劳动力成本上涨，各种税费、运费提高，造成编织工艺品成本存在一定比例的上升，影响了企业的利润和发展。同时，由于竞争加剧，编织工艺品需求量下降，部分编织工艺品毛利下降，农户编织工艺品的手工费收入出现下滑。例如，以前农户编织一个工艺品赚 1 元，现在可能只赚 0.8 元。由此，在一定程度上打击了农户的积极性。

④其他问题。编织工艺品企业偶尔还出现个别货物发出后发霉的情况，造成货物打折出售或销毁；还有，接受订单后，收不上编织品，无法履行购买合同，需承担一定的违约责任；再次，由于年轻人学的少，复杂的编织手工艺技术面临失传的危险。

对于存在的问题，编织工艺品企业可通过改善管理、运用差异化战略提高市场竞争力，提高编织工艺品的价格及销量，减少差错；同时，运用科学管理方法，降低成本，提高农户手工费及收入，提高农户积极性。

拓展资料：

弃之有味的“鸡肋”

据都安社会科学界联合会主席韦炳旺介绍，都安东庙乡曾经有个老板带着模具和原材料到三只羊乡培训贫困户搞编织业。人已培训，材料亦发下1000多元，结果这些贫困户才编出几十个篮子，合起来值1000元左右。该老板考虑到来回还需要承担运费，所收编织工艺品的价值仅足以抵消来回开支。直到撰写本文时，该老板还在犹豫，未去收购这些编织品。

6.2.3 编织工艺品产业助力精准扶贫潜力分析

（1）开拓国内外市场，让利贫困户

目前，都安县编织工艺品主要销往国际市场，竹帽类还大量销往国内主要旅游城市。企业主要通过东盟博览会、广交会和互联网等进行推介。为开拓更广阔的国内外市场，可由都安县政府牵头，整合编织工艺品产业资源，统一组织所有编织工艺品企业或派共同代表参与更多的编织工艺品相关的国内外博览会、展销会、活动等，大力宣传、推介都安编织工艺品，提高销量。同时，让利贫困户，提高工艺品收购价格，提高贫困户的收入和积极性，以达到厚利多收、薄利多销的目的。

（2）改善工艺，增产减耗

都安编织工艺品多采用半手工半机械化的加工方法，在编织过程中耗费大量时间、人力和物力。为提高编织效率，提高产量和收入，编织工艺品企业可充分考虑优化编织工序，积极采用先进的编织方法，以降低编织时间和成本，达到增产减耗、提高贫困户编织收入的目的。

（3）丰富品种，提高收益

当前，编织工艺品企业主要根据传统技术，结合客户意见，凭借经验、灵感研究、设计编织工艺品样品。虽偶尔聘请设计师设计样品，但因其工艺过于复杂，不适合当地编织、生产。部分编织工艺品企业由于产品更新速度慢，跟不上时代需求步伐而被淘汰。另外，由于所加工的部分编织品样品过于简单，容易被外人模仿而引来竞争对手，致使销售量及利润下降。而且，复杂的编织技术由于可操作性差、年轻人不愿学，面临失传的危险。为提高编织工艺品企业竞争力，企业可选择与专业的高校、研究所合作，由正规专业的设计师设计出符合市场需求且简单易学的工艺品，或收集并模仿全世界范围内的编织工艺品，丰富编织工艺品品种，实现差异化战略，提高产品毛利，丰富贫困户收入来源，提高编织费收入，做大做强编织工艺品产业。

（4）积极合作，提高竞争力

编织工艺品企业可尝试与高校、研究所、专业的管理公司或外贸公司、市场运营公司、专业推介公司乃至贫困户合作，在适宜的情况下可吸收其入股，共同做大做强编织工艺品企业，提高企业竞争力，提高产品利润，提高贫困户的收益。

（5）深度参与，持续发展

积极探索、创造条件，使贫困户深入参与编织工艺品产业扶贫模式。例如，将个别贫困户培养成编织工艺品企业的二行老板，不仅可以扩大货源，也使贫困户从中牟利；由贫困户自行上山下地收集编织材料、参与产品的运输等，让贫困户赚取部分材料费和运费；还可吸收贫困户到编织工艺品企业就业等。

(6) 政府加大支持，扩大行业规模

政府本着一心一意为贫困户谋福利的原则，加大对编织工艺品产业的支持，从横向和纵向去培育编织业，使更多贫困户加入编织行业，统筹协调，科学提供扶贫贷款资金，使贫困户广泛参与创业，达到处处开花的效果。同时，政府可研究将都安所有移民安置点人力和资源进行整合，以形成规模效应，尝试设计以贫困户入股的形式成立集体所有制企业等。

(7) 鼓励创新，提高积极性

鼓励贫困户参与编织工艺品的设计创新，继承、发扬本地民间编织手工艺技术，充分发挥群众的聪明才智，并给予成功创新者丰厚的物质奖励，为编织工艺品产业注入活力，提高贫困户的收入和积极性。同时，做好创新的保护工作。

6.3 案例推广：编织工艺品产业助力精准扶贫可复制性探讨

6.3.1 产业扶贫案例可复制性分析

编织工艺品产业模式得以成功运作，主要原因在于具备了以下几个条件：

(1) 市场潜力大

据了解，目前国内外市场对编织工艺品及相关延伸品需求量大，在做好横向及纵向市场拓展的情况下，编织工艺品市场前景广阔。

（2）产业可复制性强，易于推广

编织工艺品产业所需设备少，投资小，产业涉及流程简单，便于管理及快速投入生产，可复制性强，极易推广。加工编织工艺品所需的原材料藤、草、芒、柳、竹等作为可再生资源，生长速度快，易于获取，部分产品可采用塑料、铁线替代。

（3）工艺简单易学，符合贫困户利益

据现场观察、企业老板和农户介绍，编织工艺品工序少、手法简单，编织技术易于贫困户掌握，使其能够快速加入编织队伍行列。同时，贫困户谋生技能少、较难外出务工、缺乏就业机会或难以从事高强度的技术、体力工作，而编织工作对于技能、体力、时间、工作地点要求较低，开展方式灵活多样，易于贫困户学习、开展工作，是较好的谋生脱贫手段，符合贫困户的实际情况及利益。

（4）核心环节易于把控

编织工艺品产业涉及的几个核心环节为：编织企业分派订单至农户并提供技术指导、收购工艺品等，这些环节企业完全可以把控和及时处理。

（5）相关注意事项

为做好编织工艺品产业助力精准扶贫工作，需注意几点：第一，想方设法降低产业成本，提高产业利润；第二，使贫困户切实得到实惠；第三，使编织工艺品企业获益并不断发展壮大。

6.3.2 产业扶贫案例反思

（1）坚定立场，身体力行，切实探索，主动扶贫

产业扶贫不是走过场、应付上级而已，要做好扶贫工作，让群众满意，让国家放心，就要树立坚定不移的扶贫信念，真心为贫困户着想，主动、深入、全面了解贫困户的困难和诉求，将身心放在贫困户身上，主动关心、解决贫困户遇到的困难。要量体裁衣，为贫困户定制合理有效的脱贫方案，挖空心思努力提高贫困户收入。在开展产业扶贫工作时，应身体力行，不应虚以应付，要积极探索扶贫方式方法，努力开发扶贫资源，加强与企业、贫困户的沟通交流，主动扶贫，而不是被动扶贫。

（2）扶贫扶智，洗心革面

贫困户之所以贫困，有客观原因，亦有主观原因，对于客观原因应根据不同的情况制定不同的解决方案。主观原因则主要为贫困户文化程度低、就业技能有限、见识短浅、主观能动性不强。通过产业助力精准扶贫活动，全面培养贫困户就业技能，提高认识，增强贫困户创业创新意识和主观能动性，激发贫困户成为积极向上、踏实肯干的脱贫致富能手。

（3）借助外力，全民扶贫

寻求外部力量支持，如争取对口扶贫单位、高校、公益组织、当地的企业家、知名人士等共同为当地扶贫事业献计、献策、献力等，做到处处可扶贫、人人可扶贫的良好局面。

(4) 多管齐下，提效增收

个别产业扶贫，或许存在不足之处，可辅以多产业、多渠道、多方式扶贫，全面提升贫困户收入。可多发展一些适宜、易行的产业，如编织工艺品 + 电子厂 + 超市 + 其他类企业 + 贷牛还牛 + 种养 + 旅游 + 乡村美食等产业，辅以鼓励贫困户适量养殖鸡、鸭、鱼、牛、羊等，适量种植橘子、葡萄、火龙果等经济作物，加以其他零星就业、创收机会等方式多管齐下，多渠道创收，切实解决贫困问题。可由政府宏观上组织、引导、管理各类就业、创收、创业活动，并通过政务网和公告栏发布、传递就业信息，为贫困户谋福利。

(5) 及时跟进，去伪存真

实践是检验真理的唯一标准，任何产业扶贫活动，只有经过实践检验才能发现其效果。对于任何产业扶贫活动，应及时跟进，对于有益于贫困户脱贫致富的产业，政府应大力推广和支持，对于不能或较少解决贫困户脱贫致富的产业应及时调整和改进，该淘汰的应逐步淘汰，努力发展对贫困户有益的产业，舍弃那些无益的产业。

写作后记：

都安竹藤草芒编织拥有悠久的历史和精湛的工艺，但由于前期并没有系统化的产业，发展受到了一定限制。编织工艺是我国的非物质文化遗产，发展编织工艺产业既是对传统技艺的传承，也是脱贫的有效途径。推动农户参与编织工作，关键是发挥政府的指导引领作用，同时少不了企业的信息传导和技术帮扶。目前，都安编织工艺主要是采取“政府 + 企业 + 农户”的产业模式，政府和企业同时发力，集二者之长，助力贫困户脱贫。在出口额下降的情况下，都安竹藤草芒编织可以对准国内市场，生产差异化特色产品，积极打通以“内循环”为主体的渠道，保障农户、企业的利益。

第 7 章

产业扶贫中的“示范区”引领效应

——东兴京岛海洋渔业（核心）示范区案例分析

7.1　案例记录：“授人以鱼，不如授人以渔”

2018 年 2 月，习近平总书记在大凉山腹地昭觉县三岔河乡三河村走访贫困户时指出，让人民过上幸福美好的生活是我们的奋斗目标，全面建成小康社会，一个民族、一个家庭、一个人都不能少。[①] 2019 年 7 月，习近平总书记在深化党和国家机构改革总结会议上强调，“紧紧围绕人民日益增长的美好生活需要履好职、尽好责”。[②] 东兴京族海洋渔业的致富之路体现了党对于当地人民的关怀，从临渊羡鱼到退而结网，从小舟独钓到建立渔业王国，东兴京族人民凭自己的智慧和努力，紧紧跟在脱贫攻坚、走向小康的大队伍中。

7.1.1　案例概况

京族过去曾被称作“越族”，1958 年 5 月正式更名为“京

---

① 陈思危，陈汝健. 这些年，总书记手把手教我们少数民族摆脱贫困［EB/OL］.（2018 - 02 - 12）［2020 - 10 - 31］. http：//he. people. com. cn/n2/2018/0212/c192235 - 31252942. html.

② 王静，吕腾龙. 习近平：紧紧围绕人民日益增长的美好生活需要履好职、尽好责［EB/OL］（2019 - 07 - 05）［2020 - 10 - 31］. http：//cpc. people. com. cn/n1/2019/0705/c164113 - 31217310. html.

族”。根据有关京族传说和一些族姓家谱、乡规民约记载，京族先民大约是在16世纪时，因打渔从今越南涂山等地迁来的，至今已有500年历史。

京族是我国南方一个临海而居、人口较少的民族，2010年全国人口普查统计，共约有2.8万人。京族主要分布在广西壮族自治区的防城港市，其中，东兴市约有1.2万人，东兴市江平镇的巫头、万尾、山心三岛，俗称“京族三岛”，聚居了约5000余京族人。①

东兴市结合本地实际，充分发挥海洋资源优势，探索出一条带领村民脱贫致富的海洋渔业致富路。

东兴市全面落实自治区现代特色农业示范区建设增点、扩面、提质、升级三年行动计划具体部署，以“人无我有，人有我优，人优我特”的特色理念，推进现代特色农业示范区创建工作。该市出台了四级示范区奖补标准等政策措施，以原有的11个现代特色农业示范区为基础，策划打造4个自治区级（核心）示范区、3个县级示范区、10个乡级示范园，31个村级示范点，确保村村有示范点、镇镇有示范区和示范园。截至2018年底，所有示范区（园、点）已基本完成选点、规划和申报工作；京岛海洋渔业（核心）示范区获评广西四星级现代特色农业（核心）示范区，并入围广西申报国家级现代农业产业园项目储备库；2017年入围的5个乡级示范园通过复核。2018年1—9月，示范区总产值达11.5

① 吕俊彪．京族［M］．沈阳：辽宁民族出版社，2015．

亿元，同比增长5.5%。[①]

东兴市依托其丰富的海洋资源和海洋区位优势，结合京族文化特色，以潭吉、万尾、巫头三个村为核心区，榕树头为拓展区，竹山、松柏为辐射区创建东兴京岛海洋渔业（核心）示范区，助力区内农户脱贫致富。规划总面积50000多亩（其中，核心区面积10000亩，拓展区面积16000亩，辐射区面积28000亩）。[②]

在京岛海洋渔业（核心）示范区（以下简称“示范区”）内采用“公司+基地+农户”的开发养殖模式。示范区发挥核心示范区技术集成、产业融合、核心辐射等功能，推进区内各环节升级、全链条增值，三次产业融合发展总体水平明显提升。同时，促使海洋渔业产业链条更为完整、功能更为多样、业态更为丰富、利益联结更为紧密、农民和企业融合更加协调，促进农民收入持续增加。

7.1.2 个案一：巫头村的生态乡村致富经

东兴市江平镇巫头村坐落于“京族三岛”中的其中一岛。巫头村海岸线长3.9公里，海域滩涂面积2万亩，海洋资源十分丰富。全村共有1936人，其中京族人口占全村人口的98%。该村以建设“特色村寨”为目标，坚持“农商结合，养捕加工并举”的发展思路，在建设生态乡村的同时打造富裕京族渔村。

---

① 防城港市质量技术监督局．东兴：以现代特色农业示范区助推脱贫攻坚［EB/OL］（2018-11-06）［2020-10-31］，http：//www.fcgs.gov.cn/ztbd/fcgsppzs/cpzlpp/201811/t20181114_69715.html.

② 黄俏华．东兴：村民与龙头企业合作！海洋渔业腾飞，农民增收［EB/OL］.（2018-10-28）［2020-10-31］，https：//www.ngzb.com.cn/news/7424.html.

首先，自“生态乡村”活动开展以来，全村合理利用资源，共计投入150余万元对全村进行全新风貌的改造。该村充分利用丰富的海洋资源以及海洋元素对乡村环境进行装饰亮化。改造亮化后的巫头村庭院整洁、道路干净、生态优美，森林覆盖面积达65%以上。亮化后的乡村环境优美，景色宜人，吸引了大批游客前来观光旅游，促进了村民增收（见图7-1）。

图7-1　村民驾驶摩托车行驶在干净的路面上

其次，该村全面实施“3331致富工程”，即全村30%的劳动力发展捕捞，30%的劳动力发展海水养殖，30%的劳动力发展海产品加工，10%劳动力发展边境贸易。村委会与相关企业合作，组建25个水产养殖专业合作社，注册资金9300万元，承担国家有关水产养殖新技术示范推广项目，积极引导养殖场推行南美白对虾健康生态养殖技术，严格执行无公害农产品标准，海水对虾养殖面积共3820亩，养殖户130户，实现年养殖成品对虾平均亩产量714公斤，总产量4683万吨，年产值5620万元。同时，该村还建设有海蜇粗加工厂45家，从事海产品加工业的农户110户，年海蜇粗加工总产量4200多吨，年产值3360万元。[①] 据统计，2016年，该村人均年纯收入达到13220元，成为防城港市首富村。[②]

最后，依托其丰富的海洋资源，通过东兴京岛海洋渔业（核心）示范区的建设，带动巫头村的乡村和文化建设。在海洋渔业（核心）示范区的平台下，村民在养殖、加工、旅游等方面进一步获益（见图7－2）。为进一步弘扬京族文化，该村计划通过维修京族哈亭、建设京族风情长廊，挖掘妈祖文化等打造具有京族文化的“特色村寨”。

图7－2　京族高跷捕鱼

① 卢昭昭. 巫头村打造富裕京族渔村 建设“特色村寨”［EB/OL］（2016－03－31）［2020－10－31］，http：//www.fcgsnews.com/news/hot/2016－3－31/81149.shtml.

② 张若衡，韦锦林，左耀玲. 巫头村还可以更美——访党的十九大代表何玲［EB/OL］（2017－09－30）［2020－10－31］，http：//www.fcgsnews.com/news/hot/2017－9－30/100722.shtml.

7.1.3　个案二：王宏——对虾养殖创财富

东兴京岛海洋渔业示范区养殖户王宏说："一般一年养两造虾，第一造从三月份开始至结束，收入大概 70 万元。第二造刚刚投苗。加入公司后，虾苗和饲料由公司垫资。成虾出售后，再将虾苗和饲料款还给公司，利润归己。这样做，产品销售、生产利润都有了保障。（见图 7－3）"

图 7－3　养殖户王宏

7.1.4　个案三：阮氏江——越南跨境打工妹

阮氏江每天清晨骑着摩托车从越南芒街出发，通过边境来到防城港东兴市江平镇的保通冷冻食品有限公司的生产车间上班，开始了一整天的剥虾工作（见图 7－4）。

2017 年 9 月，经朋友介绍阮氏江来到了东兴市打工，开始了两国跑的打工生活。她说："以前，我每月只能赚 800～1000 元，现在只要勤快点，一个月有近 3000 元，公司还有餐补，平时也不花什么钱，一年到头可攒下近 3 万元。"

图7-4 阮氏江正在剥虾

如此两国跑的打工生活下来，阮氏江家里的房子从一层变成了两层，孩子的伙食也由一日两餐变成了一日四餐，生活越来越好。①

保通冷冻食品有限公司聘用了越南劳动力，降低了企业生产成本，增加了企业效益，提高了产品市场竞争力，从而促进了养殖生产的良性发展。

越南跨境务工人员人口红利、出口运输便利等优势使得不少企业慕名前来办厂。2017年6月，防城港市政府和东兴试验区管委会印发《加快跨境劳务合作发展实施方案》，将跨境劳务合作试点范围扩大至东兴试验区全域。②

① 唐颖倩．中越边境“跨境务工族”：月薪从800元变成3000元［EB/OL］（2018-11-11）［2020-10-31］，http：//gx.cri.cn/20181111/5ea5d01e-aaf4-4aa0-ab71-d4a8b0bea10b.html.

② 中国网．穿梭中越边境的“钟摆”打工族：中国机会多工资高［EB/OL］（2018-01-18）［2020-10-31］，https：//news.china.com/internationalgd/10000166/20180118/31974525_all.html.

7.1.5 个案四：黄婷南——海产品加工实现美好生活

2016年黄婷南辞去服务员的工作，来到东兴市长瀛食品有限责任公司的海产品加工厂打工。因为表现出色，28岁的她成为了工厂单冻组组长（见图7－5）。她说：“做服务员时收入为每月2000元，来到公司后收入翻倍，每月收入4000多元。现在比以前好了很多，既能就近打工增加收入，又能照顾家庭，一举两得。”

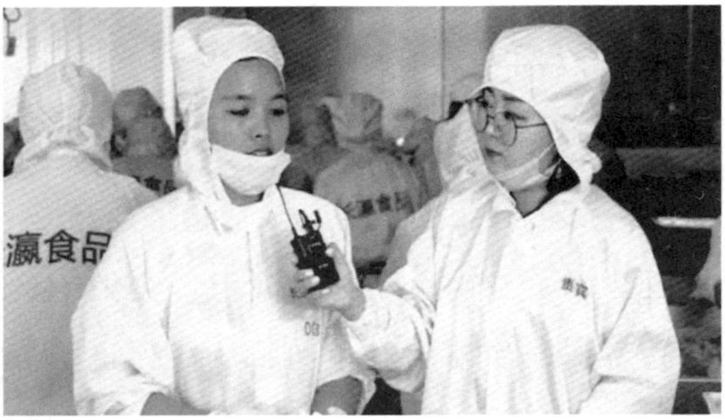

图7－5 东兴市长瀛食品有限责任公司员工黄婷南

7.2 案例分析：京岛海洋渔业（核心）示范区致富模式

30年来，中国远洋渔业不仅生产规模得到壮大，稳定和丰富了国内市场供给，推进了国际经济技术合作，并且拓展了中国在国际公海渔业资源的生存空间，提供了大量就业门路，形成了显著的经济、社会和生态效益。[①]

根据法国经济学家佩鲁提出的发展极理论，增长必然先在某点上出现，在经济增长中由于有创新能力和竞争力的企业或行业在一些地区或城市的聚集，可以形成一种资本与技术高度集中、具有规模经济效益、自身增长迅速并能对邻近地区产生强大辐射和带动作用的“发展极”，进而带动整个地区经济的发展。[②] 新增长理论将技术进步视为经济增长的核心因素，技术进步则是知识累积的结果。[③] 所以，示范区可以集中资本，探索先进技术，并推广带动区域经济发展。

东兴市政府立足于当前基本国情，集中资源建立示范区，探索先进养殖技术，带动部分人先富，进而发挥一体化示范区的辐射带动效应，以点带面，带动当地经济成片发展。

7.2.1　政府支持

（1）建立（核心）示范区

截至 2016 年 3 月，东兴市在已有的 11 个现代特色农业示范区的基础上打造 4 个自治区级（核心）示范区。[④] 截至 2020 年 3 月，东兴市整合投入资金 68.5 亿元建设农业示范区，采取“因

---

① 乐家华，陈新军，王伟江．中国远洋渔业发展现状与趋势［J］．世界农业．2016（7）：226－229．

② 柳金平．现代农业建设与路径研究——基于国家现代农业示范区的实践［D］．中国农业科学院，2013．

③ 魏金义．要素禀赋变化、技术进步偏向与农业经济增长研究［D］．华中农业大学，2016．

④ 东兴市．东兴以现代特色农业示范区助推脱贫攻坚［EB/OL］（2018－11－02）［2020－10－31］，http：//www.fcgs.gov.cn/zxzx/tpxw/201811/t20181105_69211.html．

地制宜，突出特色，一业为主，多元发展”的思路，全市共建成现代特色农业示范区（园、点）48 个。[①] 其中京岛海洋渔业（核心）示范区获评广西四星级现代特色农业（核心）示范区（见图 7－6）。

图 7－6　京岛海洋渔业（核心）示范区养殖基地

京岛海洋渔业（核心）示范区主要设立水产种苗生产区、对虾标准化养殖示范区、工厂养殖区、农产品加工区、现代农业观光休闲区、美丽渔村示范区以及休闲旅游发展区，共 7 个区。

在东兴市政府的大力支持下，京岛海洋渔业（核心）示范区结合京族特色海洋文化，多措并举地大力推进示范区的建设工作，现已形成集种苗培育、海水养殖、海产品加工、专业培训以及农业休闲旅游于一体的综合性经济示范区，对拉动当地经济，促进

① 张冠年．打响名片 激发活力——东兴市推动经济社会高质量发展速写［EB/OL］（2020－03－20）［2020－10－31］，https：//baijiahao. baidu. com/s？ id＝1661692408870508948&wfr＝spider&for＝pc.

农户收入增加起到示范带头作用。

在京岛海洋渔业（核心）示范区建设过程中，政府主要抓好“12345 工程”，即 1 个万亩南美白对虾海水健康养殖基地、2 个高科技养殖加工示范区、3 个重点合作社、4 个特色养殖基地、5 个龙头企业。①

示范区要发挥独特优势，把特色养殖与加工相结合，推进全市农业转型升级，让示范区内农民得益、企业发展，提高农业总产值和全市整体形象。示范区要通过“公司 + 基地 + 农户”的帮扶模式，对贫困户进行精准帮扶，帮助他们脱贫致富。②

（2）政策扶持

党中央、国务院高度重视脱贫攻坚，在脱贫攻坚收官之年，继续加强中央财政专项扶贫资金投入力度，加快资金分配拨付。截至 2020 年 4 月，已下达中央财政专项扶贫资金 1396 亿元。《2020 年度中央财政专项扶贫资金计划》指出，将加大深度贫困地区的支持力度。③

2018 年 2 月，《防城港市海洋渔业发展规划》（防政办发〔2018〕6 号）提出，以传统捕捞外海化、网箱养殖深水化、陆基养殖工厂化、产品加工精深化、休闲渔业旅游化、海洋科技创新化为重点发展方向，通过招商引资、政策引导、市场运作、培育龙头企业和规划

---

① 李明铎. 东兴京岛海洋渔业（核心）示范区成效显著［EB/OL］（2016 - 03 - 19）［2020 - 10 - 31］，http：//www. fcgsnews. com/news/zh/kx/2016 - 3 - 19/80621. shtml.

② 广西东兴市市长陈建林到京岛海洋渔业（核心）示范区调研，水产养殖网，2016 - 01 - 21 http：//www. shuichan. cc/news_view - 270783. html.

③ 张琼文. 国务院扶贫开发领导小组下达 2020 年度中央财政专项扶贫资金计划［EB/OL］（2020 - 04 - 01）［2020 - 10 - 31］，http：//www. cpad. gov. cn/art/2020/4/1/art_46_117366. html.

产业园区建设等措施，推动防城港市海洋渔业发展取得新的突破。2019年11月，广西壮族自治区渔业稳增长和绿色高质量发展现场推进会议在东兴市召开，会议指出：要充分认识渔业稳增长和绿色高质量发展的重要性；要强化工作措施，加大支持力度，抓好渔业经济统计分析，有力推动渔业稳增长和绿色高质量发展。2019年2月，《关于加快推进水产养殖业绿色发展的若干意见》围绕加强科学布局、转变养殖方式、改善养殖环境、强化生产监管、拓宽发展空间、加强政策支持及落实保障措施等方面作出全面部署①，计划到2022年，健康养殖示范面积达到65%以上，产地水产品抽检合格率保持在98%以上，到2035年，水产养殖布局更趋科学合理，养殖生产制度和监管体系健全，养殖尾水全面达标排放，产品优质、产地优美、装备一流、技术先进的养殖生产现代化基本实现。

龙头企业先进的管理理念和较为成熟的销售渠道以及客户群体，为示范区内养殖户自养海产品的加工和销售提供便利。龙头企业完整的供应链管理技术能够为建立健全示范区产业链提供资金和技术支持。发挥龙头企业引领带动作用，是示范区建设取得成功的重要举措。东兴市出台实施农业龙头企业成长计划，加大财税、用地、金融、电力等财政扶持，积极培育本土龙头企业，支持企业创建省级、国家级农业龙头企业，认定市级农产品产业化龙头企业，对优秀企业按有关规定给予扶持奖励。

① 祁培育. 国新办就《关于加快推进水产养殖业绿色发展的若干意见》有关情况举行发布会［EB/OL］（2019-02-15）［2020-10-31］, http://www.gov.cn/xinwen/2019-02/15/content_5365939.htm#3.

7.2.2　示范区项目资金来源

投资主体多元化是指由单一投资主体转向多元投资主体。新时期下我国农民资金扶贫互助社发展应注重扶贫资金来源多元化。[①] 多元化的资金来源不仅有助于拓宽融资渠道，也有助于建立有效的利益联结机制，调动各方参与积极性，助力扶贫项目有效进行。东兴京岛海洋渔业（核心）示范区便采用了投资主体多元化的方式，拓宽资金来源，保证资金供应稳定，减少了资金风险。

截至2014年8月，京岛海洋渔业（核心）示范区项目计划总投资1.5591亿元，其中政府补贴0.4873亿元，企业自筹1.0728亿元。示范区的建设采用企业投入占大头，政府扶持占小头的原则。[②] 京岛海洋渔业示范区“政府+企业”的资金模式，突破了传统政府单项资金投入模式，充分发挥了市场的主体的作用。

扶贫专项资金涉及面广、项目多、布局分散、监管难度大，在管理和使用上也暴露出诸多问题，亟须加强整改和监管[③]。因此，除了确保充足的资金来源，亦需要建立精细、可操作性强的

---

① 王萍，郭晓鸣．对农民资金扶贫互助社的调查与思考——以通江县梨园坝村为例［J］．农村经济．2015（12）：68－73.

② 廖卓文，陈义才．广西东兴市打造海洋渔业（核心）特色示范区［EB/OL］．（2014－08－16）［2020－10－31］，http：//www.shuichan.cc/news_view－212151.html.

③ 刘昱含，宗传磊．在精准扶贫工作中财政专项资金使用中存在的问题及建议［J］．财经界（学术版）．2016（14）：21.

的资金管理机制，确定每一类资金的来源、属性，明确债权债务关系，加强审计监督、社会监督，保证资金有效发挥作用。

7.2.3 养殖模式

（1）平台构建

在自治区政府的指导和支持下，东兴市整合已有现代农业特色区构建致富示范平台。一是坚持科学规划、精心设计原则，科学制定示范区规划。二是坚持政府扶持、多方出资原则，筹措基础设施建设资金。三是坚持市场主导原则，引进适应市场的经营主体。四是坚持统筹兼顾原则，兼顾经营主体和农民利益，积极探索土地托管和股份合作等新模式。

（2）“公司 + 基地 + 农户”养殖模式

京岛海洋渔业示范区养殖模式主要是“公司 + 基地 + 农户”的开发养殖模式，具体如下：养殖户负责养殖管理，养殖成品由公司按保本价统一收购，利润归养殖户所有，超出保本价，按市场波动价格，由养殖户自由出售。从而形成较为稳定的产销对接链条，提高了养殖的经济效益，同时为提高当地农民收入起到示范带头作用（见图 7 - 7）。

（3）创新经营主体与模式

示范区积极创新经营主体与模式，鼓励企业通过创新助推发展，通过创新助力扶贫，通过创新增加收入。在龙头企业的带动下，“企业 + 基地 + 农户”的开发养殖模式得到大力推广。该模式为，养殖户负责养殖管理，养殖成品由公司按保本价统一收购，利润归养殖户所有，超出保本价，按市场波动价格，由养殖户自由出售。

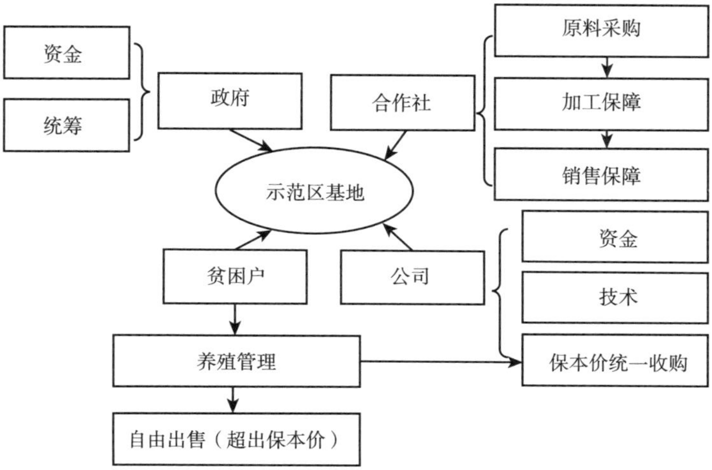

图 7－7　京岛海洋渔业示范区养殖模式流程图

该模式很好地解决了养殖户普遍存在的“三心问题”。一是增强了养殖户的信心。企业全程提供技术支持，保价回收产品，壮大了养殖户发展生产的胆量，增强了必胜的信心。二是提高了养殖户的责任心。在该模式下，养殖成品在无销路或市场价格过低的情况之下由公司按保本价统一收购，利润归养殖户所有。在养殖成品有销路或市场价格走高的情况之下，养殖户可以自由出售产品，获取更大利益。该模式明确了对养殖生产的管理主体是养殖户，即养殖户对养殖负责，较好地解决了工作责任心和工作积极性的问题。三是消除了养殖户发展养殖生产的担心。发展养殖需要大笔启动资金，资金从哪里来？启动资金解决了，生产过程中因缺乏技术、管理不到位导致养殖亏本怎么办？养殖成功了，养殖产品销售不出去，又怎么办？这些问题，一直是困扰散养户的大问题，也是造成部分群众“不敢养”的症结所在。该模式对这些问题一一破解，消除了养殖户发展养殖生产的担心。

示范区在龙头企业的带动下建立了“企业＋合作社＋基地＋农户”的利益联结机制，打造多元化经营主体。“企业＋合作社”不仅形成了规模经营，同时还存在一定竞争关系。由于示范区内存在多家合作社，相互之间互有竞争。在一定程度上促进养殖技术的革新，提高养殖成品质量，养殖户因此也需要不断学习新技术，以此来保证养殖生产。

“基地＋农户”则为养殖户的专业养殖和规模化养殖提供了苗种、饲料和技术支持。可以说“企业＋基地＋农户”的开发养殖模式和“企业＋合作社＋基地＋农户”的利益联结机制，为养殖户从鱼虾苗和饲料的供给，再到成品的加工与销售提供全面保障。为养殖户解决后顾之忧，调动了养殖户的积极性，增加了他们的收入，农户真正成了治理贫困的参与者与受益者。

2017 年 7 月，《广西壮族自治区人民政府办公厅关于加快县域现代特色农业示范区建设的实施意见》（桂政办发〔2017〕91 号）中指出：“积极发挥各类农业新型经营主体的主导作用，特别是发挥农业龙头企业的带动作用，发展适度规模经营，形成多方共同参与特色产业开发、共同参与园区管理、实现共同发展的良好格局。”

示范区以开展土地确权登记工作为契机，成立江平镇土地流转办公室，完善示范区土地流转和适度规模经营健康发展的政策措施，通过经营权流转、股份合作、代管代养、联管联养、土地托管等多种方式，大力培育示范区建设新型农业经营主体和服务主体。在示范区推行“小块并大块”的土地流转发展模式，把核心区潭吉村的1000亩土地，通过流转建设成了现代特色休闲农庄，把万尾村的5000亩咸酸田流转建设成3000亩标准化生态养殖虾塘和2000亩标准化生态养殖石斑鱼基地。①

7.2.4 技术支持

示范区主要采用“一对多”的技术支持模式，由一个农业企业对多个养殖大户提供技术、销售、信息等多方面的支持，助推示范区全方位发展，助力农户致富。

根据中国与东盟海洋国家海洋产业发展水平的测度研究，中国的在海洋产业业绩以及海洋自然环境方面水平较高，而科创能力只在中等水平，东盟海洋国家中的新加坡等在科创方面有绝对优势，其他国家都各有优势和劣势。② 综上所述，中国的科创能力有待提高。而东兴依托21世纪海上丝绸之路具有良好的区位优势，示范区内的龙头企业可以通过加强与东盟国家的对外合作，引进先进技术，然后企业帮扶普通养殖户，推广先进技术，有效助推海洋渔业的发展。

---

① 东兴市京岛海洋渔业（核心）示范区着力推进创星提档工作［EB/OL］.（2017-09-29）［2020-10-31］. http://www.fcgs.gov.cn/zxzx/jrfcg/qt/201709/t20170930_46472.html.

② 张越，陈秀莲. 中国与东盟国家海洋产业合作研究［J］. 亚太经济. 2018(02)：19-27.

7.2.5 产业链建设

对产业链的研究，最早可追溯到亚当·斯密有关劳动分工的思想。迈克尔·波特认为任何一个企业都是由设计、生产、销售、发送及辅助其产品的过程中进行各种活动的集合体，所有上述活动可以用一个价值链来表示。[①] 所以，产业链涵盖了一个地区产业发展的各种活动、各个环节，建设产业链可以实现各个环节的有效统一，实现相互促进的协同效应。而示范区利用其海洋文化优势，建设了集养殖、生产、加工以及旅游观光于一体的产业链，发挥京族文化特色，接轨互联网时代发展电子商务，实现现代一体化产业链地区产业集群效应、规模化协同效应，有效助力脱贫致富。

示范区注重冷链和物流服务建设提升，以养殖和进口落地加工海产品的龙头企业为带动，促进物流业集聚发展。

示范区利用沿海沿边等优势，大力发展特色农副产品电子商务，促进示范区内农副产品的销售，为养殖户提供更广的销售路子。

示范区还加强对农村的美化亮化，着力打造休闲渔业和乡村旅游品牌，依托京族文化特色，大力发展生态旅游和海洋渔业游，增加养殖产品销售的同时借助旅游带动经济增长。

示范区集养殖、生产、加工以及旅游观光于一体，形成了产供销完整的链条。养殖户可以借助示范区内的加工厂，借助冷链物流配送和电子商务渠道，将自己养殖的海产品推向国内和国际

---

① 邓小海，曾亮，肖洪磊．我国扶贫旅游产业链优化研究［J］．世界地理研究．2015，24（03）：167－175．

市场。同时，还可以借助生态旅游带动示范区内产品销售。

2020 年 4 月，示范区经理范国晓说：“我们探索鱼虾循环生态养殖，在南美白对虾标准化养殖基础上，引进大西洋斑点叉尾鮰鱼，实施‘南美白对虾 + 大西洋斑点叉尾鮰鱼’循环生态养殖鱼虾混养模式。2019 年，鱼类水产产量达 5000 吨。”①

下一步要求发展渔业休闲观光，推动与养殖有关的现代农业标准化和一体化发展；与江平工业园海产品加工厂合作，发展海产品加工与有机肥料加工，发展冷链物流，完善、延长产业链，提高产品附加值。

7.2.6　利益保障

基于利益联结机制的相关理论，有效的利益联结机制可以发挥正向作用，保障各方利益，所谓“铁索连舟不惧小风小浪”。示范区以龙头企业的为带动，结合多元化产业经营主体，为贫困户提供了理性引导，管理支持，技术支持，营销支持，保障了各方利益。

（1）龙头企业为带动

截至 2016 年，示范区范围内的农业企业达到 15 家（种养殖企业 3 家、加工企业 12 家）、农民专业合作社 6 个（涉及农户 2200 户）、自治区和防城港市两级龙头企业 5 家②，带动农民收入增加的效果明显。示范区还创新利益联结机制，形成创新联农带农激

---

① 张冠年．东兴：特色产业激发边境乡村振兴动力［EB/OL］．（2020 - 04 - 17）［2020 - 11 - 01］．https：//baijiahao. baidu. com/s？ id = 1664189705217807770&wfr = spider&for = pc.

② 李明铎．东兴京岛海洋渔业（核心）示范区成效显著［EB/OL］．（2016 - 03 - 19）［2020 - 11 - 01］．http：//www. fcgsnews. com/news/zh/kx/2016 - 3 - 19/80621. shtml.

励机制、合作制、股份制和“企业+合作社+基地+农户”的机制。利益联结机制吸引了90%的村民参与企业和合作社等合作机制。2017年，示范区内农民年人均可支配收入为21844元，比全市高35.2%，居广西农民可支配收入的首位。①

东兴市江源水产养殖有限公司、东兴市鸿生实业有限公司和东兴市海洋渔业开发有限公司三大养殖企业是东兴市重点扶持的龙头企业，其目的是为了推进龙头企业的带动作用。在扶持龙头企业的同时还引进东兴市怡诚食品开发有限公司、东兴市长瀛食品有限责任公司等六大加工企业，打造从养殖到加工再到销售产业链。

在鸿生南美白对虾养殖公司龙胆石斑养殖车间了解养殖与销售情况后，东兴市市长陈建林鼓励公司以市场为导向，发挥养殖技术优势，为市场提供更多优质产品，实现公司持续健康发展。

（2）多元化产业经营主体

多元化产业经营主体赋予了示范区强大的生命力，政府、企业、合作社、农户各司其职，各展所长。其中，合作社的示范带动作用尤为重要：区内有农民专业合作社6家，其中示范带动作用明显的有3家合作社——海纳养殖合作社、高效农民养殖合作社和广莲种养合作社。海纳水产养殖专业合作社主要从事江平虾和文蛤养殖、储藏、加工和出口销售等生产经营活动，无公害“江平虾”是它的主打产品且已获得出口备案。截至2017年9月，合作社有社员68户，70%为京族，有无公害“江平虾”养殖基地3000亩。

① 黄俏华. 东兴：村民与龙头企业合作！海洋渔业腾飞，农民增收［EB/OL］（2018-10-28）［2020-10-31］. https：//www.ngzb.com.cn/news/7424.html.

7.2.7　风险及防控分析

《汉书》有云：“安不忘危，盛必虑衰。”风险之论，古今有之，防范风险的重要性不言而喻。国家十分重视水产品的质量安全，《关于加快推进水产养殖业绿色发展的若干意见》提出三条措施：一是强化投入品管理。强化水产养殖用饲料、兽药等投入品质量的监管，加强水产养殖用药的指导，严厉打击制售假劣水产养殖用饲料、兽药和违法用药及其他投入品的行为。二是加强质量安全监管。强化水产品质量安全属地监管职责，加大风险监测评估和监督抽查的力度，建立健全养殖水产品追溯体系等。三是加强疫病防控。健全水生动物疫病防控体系，加强水生动物疫病监测预警、风险评估和应急处置。[①]

示范区亦本着居安思危、未雨绸缪的审慎性原则，加强了对养殖、仓储、加工、物流等环节的风险识别能力及防控应对能力。

（1）养殖环节风险及防控

养殖过程中的鱼虾病、水污染等问题会直接影响产品成品质量，进而影响销售。

对于在养殖过程中出现的鱼虾病的问题，主要从技术层面和管理层面采取措施加以防控。从技术层面上来说就是贯彻预防为主、治疗为辅、防重于治的方针，积极做好环境消毒、投放养健

① 祁培育. 国新办就《关于加快推进水产养殖业绿色发展的若干意见》有关情况举行发布会［EB/OL］.（2019－02－15）［2020－10－31］. http：//www.gov.cn/xinwen/2019－02/15/content_5365939.htm#3.

康苗种、科学投喂饲料、管控好水质等工作预防病害。一旦病害发生，要对症下药，及时治疗、及时清除。从管理层面上看，一要加强培训，提高养殖人员技术水平；二要发挥科技人员的作用，为养殖户提供技术保障；三要加强疾病监测监控，及时预警及时采取相应防控措施。

为解决养殖过程中的污染问题，示范区实施鱼虾循环生态养殖。在南美白对虾标准化养殖的基础上，引进大西洋斑点叉尾鮰，形成“南美白对虾+大西洋斑点叉尾鮰循环生态养殖”的鱼虾混养模式。该模式是利用大西洋斑点叉尾鮰食杂性的特点，其能够将南美白对虾的排泄物和残剩饲料全部吃掉。利用生物属性处理南美白对虾养殖排污问题，既有效地解决了南美白对虾养殖排污的问题，又节约了养殖成本。

《广西壮族自治区人民政府办公厅关于加快县域现代特色农业示范区建设的实施意见》中指出：“绿色生态，持续发展。把绿色生态作为示范区建设的基本要求，树立节约集约循环利用的资源观，通过绿色生产、绿色加工、综合利用，着力促进节能降耗、环境友好，实现示范区可持续发展。”

（2）仓储环节风险及防控

对于海鲜而言，如果不能及时处理，变质腐坏不仅会使养殖户遭受损失，合作社和企业同样也会遭受损失。为解决养殖成品的储存问题，除了加工厂自建冷库外，示范区还建设了10万立方米的冷库，满足了养殖成品的仓储需要。冷库的建成，还有助于错峰销售仓储鱼虾产品，获取反季节差价，提高利润。

（3）加工成本风险及防控

产品的质量和安全保障，是最大的加工成本风险。要按照水产品加工的国家标准，采购原材料，加工水产品，确保产品质量安全，化解加工成本风险。

示范区内的渔业企业多为劳动密集型企业，降低劳动成本，也是防范加工成本风险、提高生产效益的重要措施。为了控制产品成本，确保利润，示范区借助“一带一路”倡议，发挥广西的地缘优势，招收越南劳工，利用东南亚廉价劳动力降低产品加工环节的生产成本，保障利润。

（4）物流环节风险及防控

物流作为从产到销的一个关键环节，服务质量的高低关乎产品能否完好无损地运输到销售地。其中，对于海鲜而言，其生鲜食品的特殊性决定了传统物流显然无法满足保质保鲜的要求。冷链技术的发展，解决了生鲜食品长途运输中保质与保鲜的问题。

示范区注重冷链和物流服务建设提升，以龙头企业为带动，集聚发展物流业。冷链和物流服务提升，物流业的集聚发展可以大大降低示范区内产品向外运输的成本。

7.3　案例推广：海洋渔业示范区的可复制性探讨

7.3.1　可复制性探讨

京族海洋渔业致富的模式中，无论是“企业 + 基地 + 农户”的开发养殖模式，还是“企业+合作社+农户”的利益联结机制，都是围绕农户建立起的，其核心是为了农户的利益，帮助农民增加收入。

京族海洋渔业致富模式的成功需要具备以下条件：一是需要拥有丰富的自然资源；二是需要政府宏观政策的支持；三是需要依托完整的大平台，比如京岛海洋渔业（核心）示范区；四是需要培育完整的产供销产业链；五是需要农户的共同努力。这个模式若想取得成功，五个条件必须同时具备。

模式的成功运转，其中起到关键推进作用的就是龙头企业。政府在示范区内扶持龙头企业的思路是正确的，集聚在示范区内的龙头企业也的确能够依靠自身的资金和技术实力在示范区打造全产业链。

以龙头企业为带动，示范区的功能不仅日臻完善，其平台的影响力也随之日渐提高，招商引资也越来越容易。创新的管理理念和模式能够充分调动农民积极性。农民在功能完善的平台下，既可以选择养殖致富，也可以选择在示范区内的工厂工作致富，丰富了农民的就业创业选择，让他们切身体会到示范区带来的实惠，引导他们投身于脱贫致富的事业中。

由于示范区还重视生态文明建设，打造生态乡村旅游等旅游产业，不仅促进了海洋渔业的发展、增加了农民收入，还对环境保护、美化乡村起到了促进作用。“绿水青山就是金山银山”的理念在这里得到实践检验。

在防城港市的其他地方有成功应用该模式的案例。防城港市的红树林海洋渔业（核心）示范区的“渔光互补”项目就是成功的典范（见图7－8）。该项目是全区首个室内控温工厂化循环水养殖项目和首个海水渔光互补光伏发电项目，并评为广西科技示范园。该项目提供了就业岗位80个，带动当地养殖户1000户以上，实现精准扶贫1000户，为每户贫困户每年增加4000元的经济收入。

图7－8　“渔光互补”光伏发电项目

防城港红树林海洋渔业（核心）示范区“渔光互补”工厂化养殖基地光伏电站成功并网发电。该项目是防城港市首个“渔光互补”集中型光伏电站，由广西西江环境能源科技产业有限公司与防城港市鑫润养殖有限公司共同出资建设，占地面积约1000亩，总投资约7.6亿元。[①]

“渔光互补”是将渔业和光伏发电结合在一起，通过在水面上

① 谭卓雯．我区首个海水渔光互补光伏电站并网发电［EB/OL］（2017－11－16）［2020－10－31］．http：//m. xinhuanet. com/gx/2017－11/16/c_1121964274. htm.

设立电池板，建立小型发电站，水面下养殖鱼虾，达到养殖和发电有序结合的模式，从而实现“一地两用”。这样做不仅提高了水域的利用效率，也提高了单位面积水域的产值。项目一期投资约3.4亿元，总装机容量45MWp，每年平均发电量约5000多万千瓦时。光伏工厂化养殖利用光伏发电热能，一年可养殖3造次，每亩产可达1万斤，比普通池塘增加8~10倍的经济效益[①]。

防城港市委、市政府提出全面推进边海经济带建设，打造“六大经济业态”之一的海洋经济，出台了《防城港市促进现代渔业跨越发展的实施方案》；持续加强渔业生态资源保护和规划，编制了《防城港红树林海洋渔业（核心）示范区发展规划》等专项规划。

综上，京岛海洋渔业（核心）示范区的模式具有科学性、创新性和实用性，不仅在沿海地区可以复制推广，在延边地区、自然资源丰富的内陆地区同样具有可复制和推广性。

7.3.2　模式拓展

京岛海洋渔业致富模式，依托的是海洋资源禀赋、完整的平台和龙头企业的带动。在示范区内，其产供销链条是完整的，既保障了农民的利益，也带动了企业的发展。

近年来，各式各样的烤鱼餐厅在各大城市中发展迅猛，不少

---

① 曹树葳. 广西国企投资首个“渔光互补”光伏发电项目完成并网发电［EB/OL］.（2017-07-19）［2020-11-1］. http：//www.fcgs.gov.cn/zxzx/zdxm/201707/t20170719_43756.html.

消费者为了吃到喜爱的烤鱼而不惜时间排长队等候，这一现象说明了鱼产品市场前景广阔，特别是在人口相对集中、居民经济条件相对较好的大城市更是如此。

京岛海洋渔业致富模式是否可以考虑再做拓展创新，引进“互联网 +”技术，形成“互联网 + 海洋渔业”，即“互联网 + 企业 + 基地 + 农户”的新模式？

该模式利用“互联网 +”的理念联合各大海鲜供应商打造互联网海鲜供应平台，该平台同时邀请各餐饮店加入，做到线上线下连通。整合后的平台，由于其中厂商众多，需求多样，形成大规模供应，既降低成本，又增加销量，既促进企业的发展，又增加农户的收入。

“互联网 +”的另一大优势在于利用网络的便捷性为自身产品打广告、树立形象、打造品牌等，同时还可以促进休闲旅游的发展，打造特色旅游品牌。

“互联网 +”技术还可以将示范区内各环节进行无缝衔接，既降低成本，又提高效率，扩大销路，增加利润。

写作后记：

2015 年内 11 月 27 日至 28 日，中共中央扶贫开发工作会议在北京召开。习近平总书记强调消除贫困、改善民生、逐步实现共同富裕是社会主义的本质要求，是中国共产党的重要使命。坚决打赢脱贫攻坚战，确保到 2020 年所有贫困地区和贫困人口一道迈入全面小康社会。“十三五”期间脱贫攻坚目标是，到 2020 年稳定实现农村贫困人口不愁吃、不愁穿，农村贫困人口义务教育、基本医疗、住房安全有保障；同时实现贫困地区农民人均可支配收入增长幅度高于全国平均水平、基本公共服务主要领域指标接近全国平均水平。

脱贫攻坚是一项系统而长久的工程，贫困的标准也随着国家经济发展的变化而变化，扶贫工作面临的问题也随着社会的发展而不断复杂化。

在高速发展的当今社会，没有一成不变的发展理念，对于扶贫而言也同样如此。当今的扶贫不应像过去一样局限于“输血型扶贫”，而应该转变思路，变“输血型扶贫”为“造血型扶贫”。

“造血型扶贫”先从“扶志”“扶智”抓起。

“扶志”“扶智”确实不易，其原因在于贫困户由于自身知识水平有限以及周围的环境、生活圈层等客观因素的影响，让他们看不到希望。帮助贫困户树立脱贫的信心，为贫困户搭建脱贫平台，指导贫困户发展产业，久久为功，方得始终。

现将东兴市结合本地实际、充分发挥海洋资源优势、探索出一条带领村民脱贫致富的海洋渔业致富路的案例记录、整理并呈现出来，以期对其他地区开展扶贫有所帮助。

第 8 章

探索“旅游扶贫”，助力脱贫攻坚战

——广西三江侗族自治县乡村旅游扶贫案例分析

8.1　案例记录：“在家门口挣钱，在家门口致富”

2015 月 11 月，习近平总书记在中央扶贫开发工作会议上指出：“弱鸟可望先飞，至贫可能先富。贫困地区完全可以依靠自身的努力、政策、长处、优势在特定领域先飞。”2017 年中央一号文件提出大力发展乡村休闲旅游产业以及扎实推进脱贫攻坚。文件中提出，充分发挥乡村各类物质与非物质资源富集的独特优势，利用“旅游 +”“生态 +”等模式，推进农业、林业与旅游、教育、文化、康养等产业深度融合。2019 年中央一号文件再次提出，大力发展休闲农业和乡村旅游，强化规划引导，采取以奖代补、先建后补、财政贴息、设立产业投资基金等方式扶持休闲农业与乡村旅游业发展。2020 年中央一号文件又提出，保护好历史文化名镇（村）、传统村落、民族村寨、传统建筑、农业文化遗产、古树名木等。

现在，许多贫困地区一说穷，就说穷在了山高沟深偏远。其实不妨换个角度看，这些地方要想富，恰恰要在山水上做文章。要通过改革创新，让贫困地区的土地、劳动力、资产、自然风光等要素活起来，让资源变资产、资金变股金、农民变股东，让绿水青山变金山银山，带动贫困人口增收。“让绿水青山变金山银山”其实质就是要依托于贫困地区的绿水青山的旅游资源优势使贫困户脱贫致富。

8.1.1 案例概况

广西三江县认真贯彻落实党的十九大精神，围绕乡村振兴战略，把大力发展乡村旅游作为推动旅游业全面发展、新农村建设和脱贫攻坚的重要抓手，因地制宜、科学规划、整合投入，将旅游发展与精准扶贫有机结合，着力强化“农旅结合、文旅互动”，大力推进旅游扶贫，以农家乐和农业观光旅游为主体的乡村旅游快速发展，有效带动了农村经济快速增长和农民收入大幅提高。据不完全统计，截至 2017 年 11 月，三江县通过旅游扶贫带动了 12000 多贫困群众走上脱贫致富的道路。2018 年，三江县顺利完成 14 个贫困村、11507 贫困人口脱贫摘帽的认定工作，贫困发生率由 2017 年年初的 22.84%降至年末的 19.6%，下降了 3.24 个百分点。2019 年，脱贫攻坚取得显著成果，“两不愁三保障”突出问题已基本解决，36 个贫困村 8399 户 36771 人全部脱贫，贫困发生率下降至 2.01%。[①]

近年来，三江县依托特色民族文化和生态优势，以打响“千年侗寨·梦萦三江”品牌为目标，充分整合各类项目资金，围绕“一轴两翼两带”旅游发展格局，不断完善旅游配套要素体系，深度开发旅游景区景点，初步形成以三江大侗寨为“中心轴”，以程阳八寨

① 高语阳. 国家移民管理局对口扶贫三江县，2019 年贫困发生率下降至 2.01% [EB/OL] (2020-01-13) [2020-11-10]. https://baijiahao.baidu.com/s?id=1655588516413663780&wfr=spider&for=pc.

民俗旅游及丹洲景区生态旅游为“两翼”，以209、321国道沿线风情休闲旅游带为“两带”的“一轴两翼两带”旅游发展格局，各具特色的乡村旅游蓬勃发展。截至2019年11月，全县有AAAA级景区4个，AAA级景区5个，全国农业旅游示范点1个，全区休闲农业与乡村旅游示范点2个，广西星级乡村旅游区4个，全国重点文物保护单位4个，非物质文化遗产项目50个，被列入世界文化遗产保护预备名录的侗族村寨6个，侗族大歌被列入世界非物质文化遗产名录。①

三江县还根据实际，精心设计“县城大侗寨—林溪程阳八寨—林溪冠洞—林溪高友—林溪高秀”和“县城大侗寨—布央仙人山景区—丹洲景区”两条精品旅游扶贫线路。两条旅游带涉及的村寨，群众参与旅游接待、餐饮服务等乡村旅游配套服务产业，有效带动了群众实现增收脱贫致富。所有成绩的取得都离不开旅游扶贫相关主体和产业模式的相互作用，从而形成了三江旅游扶贫的基架。

8.1.2　个案一：布央村——“茶旅融合”闯出脱贫新路

香煎茶叶荷包蛋、回锅肉、炒土豆丝、烤酸鱼……2019年3月16日一早，家住三江侗族自治县八江镇布央村的石初利便忙着准备中午的百家宴。准备好美食后，她赶紧拿出刚做好的新侗衣

① 三江县文体广旅局. 捧好金饭碗 念好脱贫经——三江大力发展文化旅游产业取得显著成效概述［EB/OL］（2019－11－13）［2020－11－10］. http：//sjx. gov. cn/xwzx/tpxw/201911/t20191121_1377858. html.

盛装打扮。

“今天是我们布央村成为国家4A级景区后，首次由自己举办的早春茶文化旅游节。我们要做最拿手的菜让游客品尝，穿最漂亮的衣服，让大家记住这里。”石初利是布央村的建档立卡贫困户，由于房子多年失修，孩子又小，不能外出务工。2013年她与村里人一起，种上3亩茶叶，从2017年开始，茶叶进入采摘盛产期（见图8－1、图8－2）。

图8－1　农户田间采茶

图8－2　茶叶产品展示

“去年5月，布央村成了国家级景区，我们加入景区的表演队，上午进行民俗歌舞表演，中午一起摆百家宴，下午采摘茶叶。一天下来，有300～400元的收入。”石初利一家2018年11月搬进新家，洗衣机、电冰箱、电视机等家电俱全，楼下还停放着一辆刚买的小车。因为享受到布央村发展茶叶产业带来的红利，加上爱人从事茶苗生意的收入，石初利家2018年摘掉贫困户帽子。随着旅游扶贫攻坚战热烈地进行，越来越多像石初利一家一样的贫困户不用再外出打工，也能“在家门口挣钱，在家门口致富”。[①]

8.2 案例分析：三江旅游扶贫

8.2.1 三江旅游扶贫基架分析

20世纪90年代，英国将旅游发展与消除贫困直接关联，并提出了旅游扶贫的PPT模型，其内涵是通过发展旅游这一路径，依托资源，以市场为导向在政府和社会力量支持下，提高贫困地区人口的经济社会文化等系列净效益，最终实现贫困人口脱贫的发展目标[②]。

---

① 湛贻照，吴练勋. 三江：“茶旅融合”闯出脱贫新路［EB/OL］.（2019－03－20）［2020－11－10］. http：//www. gxnews. com. cn/staticpages/20190320/newgx5c916ff3－18144688. shtml.

② 马耀峰，刘军胜，白凯等. 我国旅游扶贫对象、主体、规划、指向和效益的审视［J］. 陕西师范大学学报（自然科学版）. 2016，44（06）：80－85.

从产业链的角度看，旅游产业链涉及面广而复杂，涉及衣食住行等各个方面，旅游扶贫可以有效带动贫困地区的多产业联动发展，是实现脱贫的一剂良方。旅游产业链思想来源于产业链理论，旅游产业链在旅游业发展中所起的作用越来越突出，作为一种新的产业经济研究领域，已受到各界的广泛关注。①

由资源导向战略理论可知，利用已有资源禀赋，扬长避短，因地制宜，可以有效降低成本，形成同类竞争者没有的成本优势。三江县自身特色民族文化和生态优势，应该成为脱贫攻坚的首要着力点，而旅游扶贫政策恰好吻合了三江县的资源特色，使其具备了成功脱贫的战略先决条件。

由行业市场分析来看，当今旅游文化盛行，“说走就走的旅行”成为一种流行意识形态。2017 年，作为全球最大的国内旅游市场，我国国内旅游达 50 亿人次，出境旅游 1.3 亿人次，意味着旅游已从少数人享受的权利变成老百姓的日常生活。② 此外，公开数据显示，中国的旅游人数成增长状态③，我国旅游业进入大众旅游时代。由此可见，旅游产业市场仍存在提升空间。

终上所述，三江县的旅游产业前景可观，比较优势明显，发展具备一定的可行性。

---

① 邓小海，曾亮，罗明义. 产业链视域下旅游扶贫问题诊断及对策研究［J］. 当代经济管理. 2014，36（11）：56－59.

② 戴斌. 改革中蝶变　开放中成长——我国旅游业发展 40 年［J］. 前线. 2019（05）：41－44.

③ 2018 年中国旅游行业发展现状及发展趋势分析［EB/OL］.（2018－04－25）［2020－11－10］. http：//www.chyxx.com/industry/201804/634265.html.

三江县的旅游扶贫模式主要可以分为四种模式：一是“景区 + 企业 + 贫困户”模式；二是“公司 + 合作社 + 贫困户”模式；三是“旅游景点 + 合作社 + 贫困户”模式；四是“节庆活动 + 旅游”模式（见图 8 – 3）。四种模式帮助很多贫困户发家致富摘掉贫困帽子，逐渐实现三江侗族自治县的可持续发展。因此，积极探索三江旅游扶贫的成功经验，可为各地借鉴和运用。

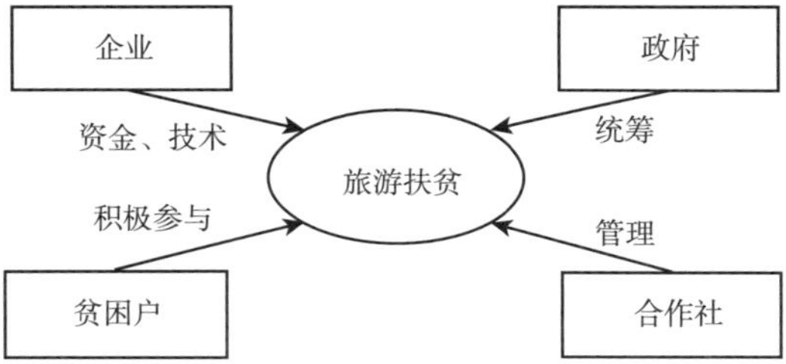

图 8 – 3　旅游扶贫模式流程图

（1）旅游扶贫相关主体责任

①政府：强化科学规划，厘清发展思路。全球的资本可能是推动同质化的最强力量，而国家则是地方差异和多样性的保护者。[①] 市场的自由竞争引起的同质化、商业化有时候是着眼于短期经济利益下的非理性行为，而政府的主导具有长远性、全局性、统筹性的优势。当今我国的旅游扶贫实践中，存在着同质化严重、缺乏特色的情况，况且由于市场的自利性，如果缺乏有效规划，难免存在过度商业化，以牺牲传统文化和生态环境为代价的风险。

① 蒋萍．旅游扶贫与少数民族文化主体性保护——以广西壮族自治区乡村旅游与旅游扶贫为例［J］．社会科学家．2016（10）：95 – 99．

所以，在保护传统文化遗产和考虑生态可承受能力的前提下，将三江县依托的特色民族文化和生态优势转化为助力脱贫的力量，需要政府的理性引导和科学规划。

政府的角色一般为主导者的角色，起到指向性及监管的作用，主要责任在于强化科学规划，理清发展思路。为强化政策支持，三江县制定出台了《三江侗族自治县旅游产业发展决定》《三江侗族自治县旅游发展奖励办法》等制度，每年安排200万元专项资金，奖励成功创建旅游品牌的企业，激活旅游发展新活力。同时投入1200多万元，编制了《三江县旅游总体规划（修编）》等19个规划。[①] 以《三江侗族自治县旅游总体规划（修编）》为总体布局，完成《“百里侗乡”乡村休闲旅游带规划》《三江侗族自治县休闲农业与乡村旅游发展规划》《三江侗族自治县旅游标准化发展规划》等规划编制工作，并与城市、交通、土地、生态等规划相互衔接，确保旅游业发展思路清、目标明、定位准。

②企业：加大人才培养，提供智力支撑。孙中山在《上李鸿章书》中提到，“人能尽其才则百事兴，地能尽其利则民食足”。加大人才培养投入，将人力资本与地理资源优势相结合，培养乡村旅游业的专业管理人才，可以为旅游扶贫提供强有力的智力支撑，收获人才红利。人才指高素质和高质量的劳动者，红利则是一种经济收益，而人才红利是指人才利用所能创造的超过同等数

---

① 芝洲莫鱼. 做强“旅游+”盘活全域游——三江县创建广西特色旅游名县工作纪实［EB/OL］.（2017-02-13）［2020-11-10］. http://www.gxcounty.com/news/xyjjbd/20170213/132460.html.

量简单劳动力投入获得的经济收益[①]。而实现人才红利，必须根据需求进行有针对性的培训，培养人才，实现人岗匹配，满足发展旅游扶贫的需要。

企业的角色主要是技术的提供者、人才的培养摇篮，在人才培养方面发挥着领跑者的重要作用，为三江的旅游扶贫产业提供智力支撑。如人饮水，冷暖自知。企业用人，必然最了解当下最需要人才具备的职业素养。

近年来，三江县多次组织乡村旅游培训期，鼓励企业和贫困户共同参与，加强交流，发挥企业在人员培训中的作用，开展有针对性的培训，提升经营管理人员和服务人员的综合素质，并组织人员参加区内旅游扶贫就业招聘会，为贫困户提供就业机会。同时，通过开展美食评比活动和宾馆、饭店、农家乐烹饪技能大赛和服务技能大赛，进一步提高旅游经营者和从业者参与旅游的积极性，提升服务水平。2018年7月3日至6日三江县承办广西壮族自治区农村党员乡村旅游与旅游扶贫服务技能培训班，来自全区各市县旅游致富带头人、旅游扶贫村第一书记共130人参加培训[②]。

③合作社：社企合作，加快旅游脱贫进程。农民合作社在我国精准扶贫中发挥着不可替代的作用，是联结贫困户和政府的有

① 戴翔，刘梦．人才何以成为红利——源于价值链攀升的证据［J］．中国工业经济．2018（04）：98－116．

② 三江县旅游局．广西党员旅游扶贫与乡村旅游服务技能培训班在三江举办［EB/OL］．（2018－07－03）［2020－11－10］．https：//www.sohu.com/a/239165946_201405．

效载体。[①] 合作社的主要责任是搞好旅游产业这一件事情，为旅游产业的各个方面提供相应的服务。

位于布央仙人山乡村旅游区的布央茶叶生态旅游合作社通过“公司+合作社+贫困户”的模式，与三江县引进的县文化旅游有限公司合作。公司与合作社两家集中资金，加大投入，加大建设，共同打造布央茶山4A级景区；并动员当地贫困户以茶叶入股，带动贫困户发展生态茶园观光旅游。2018年以来景区基础设施建设不断完善，知名度不断提高，旅游客源不断增多，景区创建以来共接待游客10余万人次。乡村旅游扶贫不仅促进了当地的经济发展，同时还解决了贫困户“工作难”的问题。截至2019年12月，有旅游旅馆11家、旅游饭店10个，贫困户192人实现就业。[②]

④贫困户：积极参与活动，实现旅游脱贫。贫困户是打响旅游扶贫攻坚战的“主力军”。由现代扶贫理论中的参与原则，在旅游扶贫实施过程中，贫困户作为脱贫攻坚的主体，应该发挥主体作用，坚持参与。参与原则是指通过贫困人口能力培养，改革旅游决策进程，提高贫困人口的参与度，确保贫困人口的需求被优先承认。[③] 只有贫困人口的需求被优先承认，扶贫工作才是目标明

---

① 张梅，王晓. 精准扶贫中农民合作社扶贫模式研究［J］. 中国农机化学报. 2019，40（06）：209－214.

② 滚亿忠. 三江：“旅游＋扶贫”形成独具特点的“三江模式”［EB/OL］.（2019－12－16）［2020－11－10］. http：//fpb. gxzf. gov. cn/fpjy/t1848115. shtml.

③ 李会琴，侯林春，杨树旺，等. 国外旅游扶贫研究进展［J］. 人文地理. 2015，30（01）：26－32.

确的，不会出现过度引进外来投资，过度商业化，贫困人口主体缺位等“跑偏”情况。

贫困户的责任主要是积极参与活动，响应政府和合作社的号召，发挥主人翁的作用。2018 年 2 月 12 日，习近平在打好精准脱贫攻坚战座谈会上强调：“注重激发内生动力。贫困群众既是脱贫攻坚的对象，更是脱贫致富的主体。要加强扶贫同扶志、扶智相结合，激发贫困群众积极性和主动性，激励和引导他们靠自己的努力改变命运。”因此，通过合作社等方式调动贫困户的积极性，是实现旅游脱贫的关键因素。

林溪镇高秀村村民吴华敏说：“以前，村里的红薯、韭菜不值钱。举办红薯节、韭菜节后，我们的红薯、韭菜、糯米都供不应求。”自从高秀村与旅行社签订协议，共同举办红薯节、韭菜节等特色民族节庆活动后，村民的收入增加了，高秀村整体经济水平有了明显上升的趋势，实现旅游脱贫指日可待。林溪镇高秀村村民的积极参与，促进了红薯节、韭菜节等特色活动的顺利进行，是贫困户积极参与、有效发挥主体作用的成功案例。贫困户积极主动参与才能促进旅游扶贫的实现。

（2）旅游扶贫相关产业模式

①发展特色农业，促进旅游脱贫。白居易有诗云：“药圃茶园为产业，野麋林鹤是交游。”特色农业是人们充分利用区域内独特的农业资源，开发和生产出品质优、价值高、市场竞争力强的农产品及其加工品，具有绿色或无公害特点的特殊农业类型。与传统农业相比，特色农业具有竞争优势和效益优势，有助于贫困农

户实现农业收入的快速增长。① 通过实证研究，有学者得出农业与旅游业协同发展模式有利于山区现代农业发展和农村经济可持续发展的结论。②

对于乡村旅游，种植业和旅游业具有一定的关联性：广阔的种植园不仅能够成为别有一番风味的田园风光景点，赏花、摘果、采茶等体验式服务也能成为吸引游客的亮点项目；而旅游业也为种植园带来了更多消费者。游客采摘式零售还可以节约采摘成本。游客获得的产品更新鲜，定价更高，利润空间也更大。此外，旅游业带来的宣传效应，有助于为种植业增加营销渠道，扩大销路。所以，种植业和旅游业的相关多元化发展，使种植业成为旅游业产业链中不可分割的一环，能够有效实现两者之间相互促进的协同效应。

三江县通过发展特色农业，如丹洲村的沙田柚、布央村的茶叶等特色种植业，吸引游客前来观光、采摘，使特色种植业成为旅游产业链上的一大亮点。

三江县丹洲镇丹洲村是最负盛名的“丹洲沙田柚”生产基地，为推动生态农业旅游业的发展，自 2011 年以来，该村实施了“猪—沼—果（沙田柚）—观光旅游”四位一体的生态农业模式。所有果园都插黄板，安装诱虫灯，建养鱼池，增强旅游亮点，吸引更多游客到村里旅游观光、渡假。丹洲村还通过每年 11 月初举办的“丹洲柚子节”（见图 8 – 4）推介丹洲旅游以及丹洲柚子、丹

---

① 张卫国，田逸飘，刘明月．特色农业发展的减贫效应——基于收入增长和经济增长渠道的对比［J］．现代财经（天津财经大学学报）．2017，37（06）：41 – 53．

② 薛海波，吴文良，渠鲲飞．特色农业与旅游业耦合发展的实证分析与优化建议——以沂蒙山区桃业与旅游业为例［J］．农业经济与管理．2019（04）：85 – 94．

洲腊味、奇石盆景等特色产品，以农业产品促进旅游业，以旅游业带动其他产业，不断提高丹洲旅游的知名度，为旅游脱贫奠定了基础，实现农业生态旅游促贫助农增收目标。

图 8 -4　丹洲柚子节

布央村利用区位优势发展茶叶产业，从曾经“山高水远布央村，有女不嫁布央郎”的贫困村，变身为户均 3 亩茶树的富裕村。如今，该村正以茶叶种植、制作、加工、销售产业链发展为基点，在茶园间建设旅游步道、茶园农宿等基础设施，闯出一条茶旅融合发展的脱贫新路，把满山的绿茶变成扶贫攻坚的支柱（见图 8 -5）。三江县贫困人口从 2000 年的 15.65 万人降为 2018 年的 4.39 万人，其中茶叶产业帮助 8.5 万多人脱贫。2019 年 1—2 月，全县接待游客 58.3 万人次，有力地促进了当地群众增收脱贫。[①]

① 湛贻照，吴练勋．三江县：“茶旅融合”闯出脱贫新路 [EB/OL]．(2019 -03 -20) [2020 -11 -10]．http：//www.gxcounty.com/news/xyjjbd/20190320/147639.html.

图 8-5 外国游客体验采摘秋茶

②发展特色文化，促进旅游脱贫。特色文化资源一般是指具有文化特征和人类精神活动痕迹，具有人文价值和传统价值的文化资源，凝结了人类的物质劳动和精神劳动，是所有具有精神属性的产品服务和活动的综合，具有物质形态和非物质形态。[①] 文化资源经过资本化，转变成文化产品，进而通过产业化经营，形成文化品牌，可以有效带动旅游业的发展。

传统乡土文化具有地域性、特色性及一定的不可替代性，所谓一方水土养一方人，特色的传统乡土文化本身是乡村的“名片”，其丰富的内涵、厚重的文化底蕴，吸引着无数的游客慕名而来。

独峒镇的斗牛、百家宴等传统民俗是宝贵的非物质文化遗产，形成了别具一格的“独峒风采”，是特色文化带动旅游扶贫发展的

① 向勇．特色文化资源的价值评估与开发模式研究［J］．北京联合大学学报（人文社会科学版）．2015，13（02）：44－51．

成功典范。

独峒镇是“斗牛之乡”。2019 年 9 月 14 日，在广西三江侗族自治县独峒镇平流村华练屯的“百年培风桥华练金秋斗牛文化节”，上万名来自湘、黔、桂三省（区）交界地区的侗族同胞和各地游客，共同观看了一场精彩的斗牛比赛。[①] 自 2005 年起，该村结合精准扶贫，配合县里实施的旅游扶贫工作，连续 13 年在每年的国庆黄金周举办金秋斗牛文化旅游节，将斗牛、讲款、百家宴等传统文化“打包”展示，全力打响斗牛文化品牌，吸引八方游客云集侗寨，让村民尝到乡村民俗旅游的甜头（见图 8－6）。

图 8－6　游客在独峒镇岜团村观看斗牛比赛

“百家宴”是侗族一种特殊的饮食习俗，又名“合拢饭”“长

① 莫珍世，吴练勋，吴明江．广西三江：侗寨斗牛闹金秋万民欢聚庆丰收［EB/OL］．（2019－09－16）［2020－10－31］．http：//news. eastday. com/eastday/13news/auto/news/china/20190916/u7ai8816523. html.

桌宴”，是侗家集体待客的宴席。2008 年，三江“侗族百家宴”被列入广西壮族自治区非物质文化遗产保护项目，并以其独有的民族特色与风情吸引了大量游客（见图 8-7）。

图 8-7 村民与游客共进百家宴

③发展特色建筑，促进旅游脱贫。中国传统村落是由不同民族在不同的自然环境中创造出来的具有不同特色的聚落形态，具有独特的文化价值，每一个传统村落都体现着当地的建筑艺术。[①] 我国古村落开发利用既属于村镇发展范畴，又具有文化遗产利用的特性，因而城镇发展、新农村建设和扶贫等政策均对古村落开发减贫产生着重要的影响。[②] 由差异化理论，特色建筑的历史宏厚性、不可复制性及艺术价值，是有效实现差异化，增加市场竞争

① 刘馨秋，王思明．中国传统村落保护的困境与出路［J］．中国农史．2015：99-110．

② 耿娜娜，邵秀英．国内古村落保护开发与减贫政策述评［J］．农业经济．2015（04）：26-27．

力的重要筹码。所以，传统村落的特色建筑经济效益和文化效益并举，其发挥的减贫效应有助于脱贫攻坚事业。

而三江县便很好地利用了当地的特色建筑，为三江旅游业增添了一抹古色古香的独特韵味，其中，最负盛名的当属程阳八寨景区（见图 8－8）。程阳八寨景区是中国乡村历史文化与自然遗产的“活化石”，是三江旅游业中的压轴式亮点景区。

图 8－8　程阳八寨景区

程阳八寨景区位于三江侗族自治县林溪镇的林溪河畔，景区以“侗族生活全体验”为主题，是“中国首批景观村落”“广西十大魅力乡村”。景区内有 9 座风雨桥、11 座鼓楼，以侗族村落景观、侗寨吊脚楼、风雨桥群、鼓楼群、石板路为主要旅游节点和景观，具有丰富的侗族原生态旅游资源，是侗族文化和侗族风情旅游的集中体现。景区核心景点程阳风雨桥，又叫永济桥、盘龙桥，建于 1916 年，集桥、廊、亭三者于一身，是目前保存最好、规模最大的风雨桥。程阳桥1982年被列入全国重点文物保护单位，近年还被评为“世界十大最壮观桥梁之一”“世界四大历史名桥”等。由于其独特的造型、浓郁的民族气息，程阳桥还吸引了无数文人墨客前来观赏，郭沫若在1965年10月不仅挥笔题写了“程阳桥”三字，而且还特地赋诗一首：艳说林溪风雨桥，桥长廿丈四寻高；重瓴联阁怡神巧，列砥横流入望遥；竹木一身坚胜铁，茶林万载茁新苗；何时得上三江道，学把犁锄事体劳。①

④发展特色生态，促进旅游脱贫。旅游扶贫在“推进生态文明，建设美丽中国”国家战略引领下迈入新阶段，并逐步走向以生态和环境为底线、以投入和能耗为标尺、以质量和效益为中心的内涵式发展新方向。② 面对复杂严峻的生态问题，绿色发展所倡导的生态和谐、环境保护等理念逐渐为人们所普遍接受。

由资源的稀缺性理论，资源的供不应求或分布不均造成了资源的稀缺性，稀缺性产生了价值。亚当·斯密在《国富论》中提到，“水的用途最大，但我们不能以水购买任何物品，也不会拿任何物品与水交换。反之，钻石虽几乎无使用价值可言，但须有大量其他货物才能与之交换”。城镇化的推进造成了生态资源的相对稀缺性，城镇居民在城市的钢筋水泥中，渴望陶渊明“采菊东篱”式的田园风光，渴望原始的自然风光，由此产生了生态旅游的需求。由可持续发展理论，生态和谐也是旅游产业得以持

---

① 蒋满元，唐玉斌．民族特色旅游产业发展中存在的问题与对策探讨——以广西三江侗族自治县为例［J］．广西社会科学．2008（4）：26－30．

② 杨德进，白长虹．我国旅游扶贫生态效率的提升路径［J］．旅游学刊，2016，31（09）：12－14．

续发展的重要依托，发展特色生态是着眼于长远性发展的战略决策。

推行生态补偿机制、扶持生态产业发展、完善生态考评管理机制①，发展特色生态，可以有效促进旅游脱贫。三江县具有得天独厚的生态优势，并一直致力于发展绿色生态，发展生态旅游。

三江县境内有74条大小河流纵横交错，河流资源丰富，“三江”也因此得名于境内的三条大江，即榕江、浔江、苗江（见图8－9）。三江县是全国重点林业县，有“柳州后花园”之称，其中，森林覆盖率高达77.44%，空气环境质量达国家一级标准，地表水环境质量保持国家二类标准。三江县将持续发展绿色生态，努力让绿色和生态成为三江的专属名词。

图8－9　三江风光

① 莫光辉. 绿色减贫：脱贫攻坚战的生态扶贫价值取向与实现路径——精准扶贫绩效提升机制系列研究之二［J］. 现代经济探讨. 2016（11）：10－14.

8.2.2 旅游扶贫的问题和风险防控

(1) 旅游扶贫的问题

虽然三江县乡村旅游资源丰富，但未能进行系统、有效地开发、利用，乡村旅游项目建设仍处于初始阶段，还没有打造出独具特色的旅游产品。具体存在的问题如下：

①乡村旅游扶贫资金缺口大、来源窄且缺乏规划和策划。对于乡村旅游项目而言，其建设资金投入大、建设周期长、资金回收慢，即使有好的旅游资源，很多个人和企业不敢投资也不敢贷款，担心收不回成本。国家每年为旅游扶贫提供的扶贫资金并不少，但由于扶贫资源多头管理、资金审批环节过多、获取条件苛刻和缺乏统筹使用的自主性等问题，也造成资金的缺位。[①] 资金缺口大、来源窄，缺乏规划和策划等问题可能会导致发展跟不上乡村旅游的设计蓝图，影响扶贫项目的推进。

目前，三江侗族自治县乡村旅游的扶贫资金大部分只由政府提供，扶贫资金来源窄。与此同时，三江县的乡村旅游扶贫建设处于初始阶段，扶贫项目启动后的后期工作需要大量资金来支撑维持。一方面，需要投入资金加强乡村旅游基础设施建设，如乡村饮食环境等卫生整治、道路交通修建、水电供给等方面；另一方面，需要投入资金用于公共服务设施的完善和物质文化遗产的抢救性保护，如游客服务中心，大人健身、孩子游乐设施等公共

① 李广文，金辉. 大扶贫格局下扶贫弥散化风险的协商治理路径探析［J］. 领导科学. 2019（24）：58－60.

设施的建立等。

所以乡村旅游扶贫仅仅依靠政府还远远不足。由于资金缺乏，没有对旅游资源进行论证、规划和策划，开发中只重规模，不讲质量，存在粗制滥造现象，许多乡村旅游开发存在盲目性，只考虑当前，不顾长远；部分乡村在开发乡村旅游时，人工痕迹过于明显，农村建成高楼大厦，城市化倾向严重。这些都影响三江侗族自治县乡村旅游的特色。

例如，冠洞乡村旅游区建设总投资 7387.2 万元，其中近期（2016—2018 年）投资 5282.2 万元，远期（2019—2020 年）投资 2105 万元。按费用构成分，乡村旅游项目建设 4930 万元、基础设施 1180 万元、环境保护工程 420 万元、应急工程 310 万元、预备费 547.2 万元，其中政府财政拟投入 2000 万元，占总投资额度的 27%，村级集体经济组织拟投入 5387.2 元，占总投资额度的 73%。然而，三江侗族自治县凭借列为全区旅游扶贫合作项目示范县的机遇，积极争取到的旅游扶贫资金 500 万元，仅仅是政府财政拟投入的四分之一，由此可以看出，三江侗族自治县严重缺乏乡村旅游扶贫资金。①

②乡村扶贫部门联动不足，旅游产业缺乏融合。政府职能部门专业化分工容易造成贫困治理碎片化，伴随着现代科层制组织职能的不断扩大，部门间形成了专业化、分割式管理体制。这一体制在实现部门工作人员职业化、日常管理专业化以及保障政令

① 孙慧静. 三江侗族自治县乡村旅游扶贫研究［D］. 广西大学，2017.

统一和高效行政方面有其独特优势，但也间接造成了公权力体系运行封闭性，引发公共利益部门化的乱象。代表不同群体利益的各类社会组织如何在扶贫中做到分工合作、协商治理是一个棘手问题。① 所以，乡村扶贫部门联动不足、权责不清、各自为政，以及扶贫政策落实推进过程中，旅游产业缺乏融合，违背旅游产业链协同发展的初衷，会在一定程度上影响旅游扶贫的减贫效应。

在开展乡村旅游的过程中，一方面，需要水利、农业、林业、环保等部门根据部门职责及工作安排，对重点乡村旅游村屯集中投入部门资金，主要用于完善乡村旅游点的基础设施建设，达到乡村旅游的标准。另一方面，乡村旅游扶贫需要扶贫产业与旅游产业相互融合，在三江侗族自治县，虽然乡村旅游扶贫取得了初步成效，但是三江侗族自治县还没有形成产业融合发展的共识，对乡村旅游扶贫的思路、理念认识不到位，导致各个产业的领导者之间缺乏沟通协调，乡村旅游开发工作缺乏统筹机构指导，在扶贫项目的建设过程中没有融入旅游元素，产业之间没有达到很好的融合效果，不能形成完整的产业链条，旅游氛围不浓，旅游产业带动效果不明显。目前，三江侗族自治县乡村扶贫相关部门联动不足，对重点乡村旅游村屯集中投入资金少，农业种植大户专注于自己的种植业，乡村旅游景区经营者只关注景区的效益，由此一来，没有将乡村旅游与其他部门、其他产业完美的结合到一起，因此三江侗族自治县产业与部门之间、产业之间缺乏融合

① 李广文，金辉．大扶贫格局下扶贫弥散化风险的协商治理路径探析［J］．领导科学．2019（24）：58－60．

发展。

③乡村旅游的经营管理缺少专业人才。传统农业投资回报率低，导致农村青壮年劳动力外流，乡村人口老龄化严重，这是贫困地区长期贫困导致的后果。而旅游扶贫项目投资周期长，市场尚未形成，盈利模式尚未稳定，投资者、管理人才因其风险不确定性，持观望态度，导致乡村旅游难以吸引人才加入，形成人才聚集效应。所以，乡村旅游的经营管理缺少专业人才是旅游扶贫发展中亟待解决的问题。

目前，三江侗族自治县乡村旅游的开发和研究均处于较低层次上，乡村旅游的经营管理人员少，乡村旅游管理人员和从业人员素质普遍低下，乡村旅游的迅速发展与低素质乡村旅游经营管理人员和从业人员相矛盾，乡村旅游处于粗放经营，形成轻管理、低质量、低收入的恶性循环，严重制约了三江县乡村旅游业的发展。

④乡村旅游扶贫产品开发深度不够，缺乏创新竞争力。民族旅游的飞速发展，也带来一系列问题，较为严重的是同质化的问题，在不少地方，旅游景区存在严重模仿的情况，有的还直接进行克隆，甚至管理方式也照搬照抄，以致千景一面，导致游客在似曾相识的感觉中产生审美疲劳。[①] 审美疲劳导致边际效用递减，价值缩水，吸引力下降。所以，乡村旅游模式同质化，旅游扶贫产品开发深度不够，缺乏创新竞争力，不仅难以吸引消费者，也

---

① 周大鸣．树立文化多元理念，避免民族旅游中的同质化倾向［J］．旅游学刊，2012，27（11）：16－17．

会造成资源浪费，影响贫困地区的正常生产。

三江侗族自治县积极开展乡村旅游扶贫工作，很多乡村旅游多集中开发休闲农业和观光农业、民族特色等旅游产品，乡村旅游的开发过分地依赖农业资源，缺乏文化内涵，对独具特色的民族文化、古镇古村古民居等的开发深度不够，地域文化特色不突出，尚未形成有知名度的品牌。随着时间的沉积，在乡村旅游扶贫工作的落实开展过程中，乡村旅游扶贫产品同质化严重的问题已逐渐暴露出来。由于缺乏准确的市场调研和分析，目前三江侗族自治县开办的扶贫乡村旅游项目虽有些成效但总体效益不佳，其季节性强，开发模式单一，开发方式粗放，侗族文化内涵表达单薄，严重缺乏创新竞争力。

⑤乡村旅游扶贫产业基础设施简陋，卫生条件差。旅游产业偏向于体验式服务，而基础设施、卫生条件对旅游服务体验至关重要，基础设施不到位，会影响消费者的消费体验。由消费者购买决策理论，购后评价影响着消费者的购买决策行为。人们通过对服务质量的期望感知与评价，将顾客预期与顾客感知相比较，形成不一致或者差异，并最终产生对服务的满意度评价，进而决定未来的购后行为[1]。而当今社会，信息分享理念深入人心，大数据时代的便利性使购后评价更加容易获得。故而，基础设施简陋、卫生条件差，会给消费者不好的服务体验，进而给出“差评”，导致后续客流量受到影响，成为制约旅游扶贫发展的“短板”。

---

① 姚作为，刘人怀．基于品牌关系的服务消费决策行为研究：理论模型与实证检验［J］．管理评论．2010，22（09）：59－74．

受交通条件差和旅游开发程度低等因素的影响，目前三江侗族自治县乡村旅游扶贫产业基础设施薄弱，没有形成产业规模，旅游配套设施也相对落后，卫生条件大多脏乱差，不能达到国家规定的相关标准，旅游接待整体水平低下，导致游客旅游兴致下降，形成了“无回头客”的局面。一些公共设施比较简陋、设备不足。例如，道路交通问题，一些景区的道路比较窄，雨天时还没有硬化的村庄道路更是难以通行，旅游旺季车辆较多，开车困难很容易造成交通拥堵，降低了乡村旅游景点的可进入性，景区接待水平低下。停车区域不能满足类似“三月三”等重大节日的车辆停放需求，严重影响了交通秩序。此外，由于公共厕所数量不足，分布不合理，出游高峰期游客上卫生间要排长队，加上脏乱的卫生环境，都严重影响了游客的出行兴致。宾馆、餐馆、茶馆等卫生状况也不理想，许多地方缺少消毒类机器设备，甚至相关从业人员没有经过严格的体检，在没有取得健康证的情况下就从事服务行业，这对游客的健康构成很大的潜在威胁。还有一些小型的私人餐馆、农家乐食材的采购渠道不正规，多是从小作坊购置，卫生条件堪忧。再是网络通信问题，村庄未实现网络全覆盖，游客不能随时使用免费 WIFI，旅游期间上网和通信受到一定限制，给游客带来不便。

（2）乡村旅游扶贫风险防控措施

①增加乡村旅游扶贫融资渠道，吸纳帮扶资金。2015 年 7 月 28 日，国务院总理李克强主持召开国务院常务会议。会议指出，要加大政府投入，调动社会力量，鼓励采取 PPP 等模式投资建设

和运营旅游项目，拓宽旅游企业融资渠道，鼓励金融机构加大信贷支持，以此来推进乡村旅游扶贫发展。2017 年 3 月，《“十三五”文化旅游提升工程实施方案》提出，文化旅游提升工程相关项目实施的责任主体是地方人民政府。地方政府负责落实建设资金，国家发展和改革委员会将根据国家财力状况统筹安排中央预算内投资，逐年安排，滚动实施。地方、项目单位等要发挥主体责任，多渠道筹措资金，加大投入，加强规划组织实施。2020 年 3 月，《关于做好 2020 年财政专项扶贫资金、贫困县涉农资金整合试点及资产收益扶贫等工作的通知》（财农〔2020〕4 号）提出，认真落实资金管理制度各项要求，规范资金使用管理。强化资金使用者主体责任，做实前期工作，加快资金支出和项目实施进度，尽快形成实物工作量，避免“以拨代支”或“资金等项目”。

所以增加了以下三种旅游扶贫融资渠道：

财政部门专门增设旅游扶贫专项资金。自治区扶贫办和旅游局设立扶贫旅游专项资金，加大对乡村旅游资金支持力度，实行专款专用，切实解决贫困地区资金“瓶颈”问题。为使经费用到实处，充分发挥资金旅游扶贫的有效作用，应建立严格的经费名录，明确资金使用规划和去向。一方面，投入资金加强乡村旅游基础设施建设，如乡村饮食环境卫生整治、道路交通修建、水电供给等方面；另一方面，用于公共服务设施的完善和物质文化遗产的抢救性保护，如游客服务中心，大人健身、孩子游乐设施等公共设施的建立，同时也要注重对物质文化遗产的保护和继承，使乡村旅游保留浓厚的文化气息。

招商引资，吸纳社会闲散资金。如今人们的理财投资意识日益增强，可以通过制定惠及百姓的投资政策，引导人们积极投资，最大限度地吸纳社会闲散资金，既发挥资金的合力，又从根本上解决乡村旅游扶贫资金短缺的实际问题。因此，为更宽、更广地吸引投资人士，应建立和完善维护投资者合法权益、确保投资者最大程度获利的机制。坚持谁投资、谁经营、谁受益的原则，完善公平、公正、透明的程序，让投资者随时掌握投资资金的去向和使用情况，并保证严格按照规定时间分红，不拖延时间，依法保护投资者的合法权益。

金融机构提供扶贫小额信贷政策。部分贫困户想参与乡村旅游商业活动，但又苦于没有资金储备，一切努力脱贫的愿望都可能成为泡沫。针对这样的实际问题，应大力鼓励金融机构出台小额信贷政策和服务，如享受金融机构提供的小额信贷，不需要担保和抵押，最多有 5 万元的贷款额度，免 3 年的利息等优惠政策，从而实现对贫困户资金需求的政策优惠和倾斜，解决贫困户资金短缺的根本问题。严格按照相关规定办理手续，银行依国家基准利率发放贷款，并由政府扶贫资金贴息等流程完成对其资金帮扶。

②创新模式，大力发展乡村旅游扶贫。政府利用三江县当地的自然条件优势和风俗习惯，将旅游扶贫和相关产业结合起来，创新了以下三种模式：

模式一：“景区 + 企业 + 贫困户”。通过景区示范带动贫困户参与旅游增收致富。程阳桥景区通达公司整合程阳八个寨的旅游资源，带动八个寨的贫困户发展百家宴、农家饭店和宾馆，促进贫困户增收致富。截至 2017 年 10 月，三江程阳景区共有农家旅馆 25 家，通过举办民俗表演、百家宴，贫困户月收入达 3000 多元。①

模式二："公司 + 合作社 + 贫困户"。八江镇布央村依托茶园资源和民族文化资源优势，实施"政府引导、集体经营、市场运作、村民参与"的乡村旅游扶贫新模式，利用茶园资源，在村党支部带领下成立了布央茶叶生态旅游合作社，组织当地贫困户以茶叶入股的方式，大力发展休闲农业观光旅游，取得一定成效。2018 年，引进县文化旅游有限公司打造布央仙人山国家 4A 景区旅游扶贫富民工程，通过"公司 + 合作社 + 农户"模式，整合资源，投入 8000 万元建设了停车场、游客中心、旅游厕所、旅游环线、观光步道、长廊等旅游基础设施，完善旅游服务功能，打造了世纪红枫林、布央侗寨、古茶园、茶马古道、茶泡浴、木屋星空酒店等景点。景区运营后，文化旅游公司将门票收入、酒店收入、观光车收入、停车收入以及旅游业态收入等综合收入按一定的分红比例给全县 42 个贫困村成立的合作社解决集体经济收入问题，同时，还将门票的 18% 分红给布央旅游合作社的村民，并解决当地群众的就业问题。②

模式三："节庆活动 + 旅游"。近年来，为充分展示浓郁的民

① 庞革平. 广西三江：旅游扶贫引客来 [EB/OL]. (2017 - 10 - 11) [2020 - 11 - 10]. http://m.people.cn/n4/2017/1011/c1508 - 9971540.html.

② 吴丽萍. 遇见最美侗乡 归来梦萦三江 [N]. 广西日报，2019 - 07 - 12 (010).

族文化，三江县组织了“月月过大节”一系列活动，将三江县民族文化、民俗文化与传统节日相融合，策划文化主题活动，推动了乡村旅游业的发展。例如，旅游扶贫村高秀村、高友村每年举办红薯、韭菜文化旅游节暨旅游扶贫农产品推介会，大力宣传浓郁的民族风情和高山红薯、高山韭菜以及土特产，吸引游客观光旅游，从而带动当地贫困户脱贫致富。

③加强培养乡村旅游扶贫工作人才。提高乡村旅游管理人员和从业人员素质是三江县旅游扶贫现阶段的目标之一。因此，为了保证三江县旅游扶贫的有效性，三江县政府决定采取以下措施：

引进乡村旅游扶贫工作的优秀人才。由三江县政府下发《三江侗族自治县人才精准扶贫实施方案》，鼓励毕业大学生依托乡村旅游进行扶贫创业；鼓励政府相关专业的干部积极参与旅游扶贫工作，并以采取下派、挂职等方式将这些干部留在贫困乡村帮助村民致富；与高校进行合作，吸引高校专业教师将贫困乡村作为教学、实践和研究的基地，让相关专业教师对乡村旅游扶贫进行指导；与大型或中型的旅游企业合作，由这些企业向贫困村引荐相关人才，等等。由此将乡村旅游管理人员和从业人员引进到贫困村中，帮助贫困村民彻底摆脱贫困。针对上述投身到三江县乡村旅游扶贫工作的管理人员和从业人员，三江县将适当给出照顾政策，如给乡村旅游管理人员和从业人员参照驻村干部的标准额外发放生活补助；对被调到贫困村驻村帮扶的选调生和大学毕业生等，在事业单位公开招聘考试中可享受加分照顾，以及优先录取的待遇。自治区还对新创建、带动贫困人口脱贫成效显著的五星级乡村旅游区奖励100万元，四星级乡村旅游区奖励50万元，五星级农家乐奖励20万元，四星级农家乐奖励10万元；[①]对录用贫困户劳动力的旅游企业按照相关政策给予扶持。

加强贫困人口的培训。培训的目的为不断增强村民及管理人员和从业人员的综合素质。政府定期到贫困村开办相应的讲座，并邀请企业中专业的管理人员和服务人员对村民们讲解游客在旅游过程中会出现的问题，如过夜、吃饭、礼貌礼仪等。同时政府还组织投身到三江县乡村旅游扶贫工作的管理人员和从业人员去观摩其他地区的扶贫工作进展。通过政府培训，贫困村村民及管理人员和从业人员能够熟练掌握相关技能，让乡村旅游扶贫达到最佳效果。

④开发多元化的乡村旅游产品，增加竞争力。2017年中央一号文件提出："充分发挥乡村各类物质与非物质资源富集的独特优势……丰富乡村旅游业态和产品，打造各类主题乡村旅游目的地和精品线路，发展富有乡村特色的民宿和养生养老基地。"为相应号召，三江县利用自身的资源优势，开发了许多新颖、独特、多彩的乡村旅游扶贫产品。一是观光体验型休闲产品。此类产品侧重切身体会，让以放松休闲为目的的游客不仅能观赏到美丽的田园景观，还能参与其中，享受到采摘硕果的喜悦。二是科普教育研学型产品。三江县蕴藏着许多历史和文化宝藏，例如程阳风雨

---

① 广西壮族自治区文化和旅游厅．广西壮族自治区文化和旅游厅对自治区政协十二届二次会议 第20190490号提案答复［EB/OL］．（2019－06－06）［2020－11－10］．http：//wlt.gxzf.gov.cn/zwgk/jytajg/t2236636.shtml.

桥、三江鼓楼等极具特色的建筑，百家宴等热闹非凡的传统风俗，这些都吸引着许多外来游客前来观看和研学。三是生态慢享型产品。此类产品利用三江县的自然资源优势与乡村传统的生活方式相结合，打造一个绿色、悠闲的慢生活景区，让游客体验到舒适、绿色的生态环境。四是康体养生型产品。发挥侗族良好的生态环境优势，以富有侗族文化内涵的歌舞、美食来打造环境一流、服务一流的养生养老基地。五是户外探险型产品。以水上漂流、林间攀爬、露营等活动形式开展，建设区内著名的户外探险营地。通过开发以上四种旅游扶贫产品，扩大三江县的知名度和竞争力，吸引更多的游客前来体验，使更多的贫困户从中受益。

⑤完善基础配套设施，改善卫生环境。加大对乡村旅游扶贫地区的基础设施投入，完善旅游配套设施。近年来，三江县通过积极争取上级支持，整合各部门的资源，加大对重点景区和乡村旅游扶贫的开发建设力度。建设完成县城至林溪镇二级公路，林溪镇至高秀村、高友村二级路前期工作正有条不紊的进行中。结合通乡油路、通村硬化路、村屯道路等工程，加大对旅游扶贫村步行道、停车场、厕所、游客中心、旅游标识系统等设施建设投入。完成高秀村、高友村、弄团村、红路村等旅游扶贫重点村的游客中心、停车场、旅游厕所等旅游基础设施项目建设，下一步将旅游扶贫重点村的旅游基础设施移交村“两委”经营管理，所得经营收入为村集体经济收入。大力推进“厕所革命”，2020 年计划完成农村约 1000 户户用厕改造，提高无害化卫生厕所覆盖率和卫生厕所普及率，建设 33 座乡村公共厕所。

8.3 案例推广：旅游扶贫可复制性和推广性探究

在三江侗族自治县通过发展旅游业来推进精准扶贫的过程中，所有的努力都指向同一个方向，那就是贫困户，贫困户是旅游扶贫的核心，让贫困户通过旅游业脱贫致富是此次扶贫最重要的目的和意义。要使得旅游扶贫成功有效地实施，最重要的主体是其中的企业和合作社。

这个模式得以成功运作，必须具备几个条件：一个需要成功的政府顶层设计，做好规划，合理配置资源；二是需要较成功的市场主体，引进多主体协同发展的模式，共同发挥作用；三是需要具有一定的特色文化，在旅游市场中具备独特的竞争优势；四是需要合适的自然条件，并因地制宜做好开发，在开发和生态保护间找到平衡点。这几个条件缺一不可，必须同时得到满足。

在布央仙人山乡村旅游区，当地成立了布央茶叶生态旅游合作社，动员贫困户以茶叶入股的方式，通过“旅游合作社+农户”的模式带动贫困户发展生态茶园观光旅游。之后，三江县引进县文化旅游有限公司与布央旅游合作社合作，集中资金，加大投入，加大建设，打造布央茶山4A级景区。近年来景区基础设施不断完善，知名度不断提高，旅游客源不断增多，从景区创建以来共接待游客 10 余万人次。2018 年成功打造布央茶山 4A 级景区，有旅游旅馆 11 家、旅游饭店 10 个，解决贫困户 192 人的就业问题。[①]

三江程阳八寨的风雨桥、吊脚楼、鼓楼，构筑了别具一格的侗族风情画卷。三江侗族自治县县长吴乐说：“近年来，三江着力打造侗族文化深度体验区、侗族大型实景演出《坐妹》等旅游文化品牌。”三江旅游扶贫只是广西旅游扶贫的缩影。旅游改善了民生，提高了百姓的幸福指数，成了广西的幸福产业。

因此，广西三江县这个旅游扶贫模式是可以复制的、容易推广的。而且目前已有了成功案例：

2018 年来，宾阳县欧阳村积极发展乡村旅游，目前欧阳村有飞马瀑布和七星山两个旅游景点，建设有姜君农家乐、三阳农家乐、久久农庄、聚龙山庄、田园山庄 5 家农家乐。此外，该村还以酒文化为基础，建设了“欧阳酒坊”。过去因交通不便，欧阳村经济一直相对落后，随着村子加快了乡村旅游产业发展的步伐，欧阳村逐渐变成一个充满魅力的“世外桃源”，贫困户在家门口脱贫的同时可以分享本地旅游发展的成果。

通过探究，我们得出结论：广西三江旅游扶贫不仅具有科学性、合理性、可持续性，而且具有普遍性，进而具备可复制条件，不仅在广西地理条件、经济社会发展水平相似地区可推广，而且在和广西交界的贵州、云南、湖南经济社会发展水平和广西相当的地区亦有参考价值。

---

① 滚亿忠. 三江：“旅游 + 扶贫”形成独具特点的“三江模式”［EB/OL］.（2019 - 12 - 16）［2020 - 11 - 10］. http：//fpb. gxzf. gov. cn/fpjy/t1848115. shtml.

“在家门口挣钱，在家门口致富。”这是目前三江农户们经常挂在口头上的一句最自豪的话。旅游业成为三江脱贫致富的最大的产业，它将带动更多农户实现自己的理想，满足自己对美好生活的追求。

写作后记：

在旅游产业以强劲势头全面发展的大背景下，应以政策为依托，全面考察乡村旅游资源，运用科学合理的手段进行开发，同时带动当地群众参与其中，从而实现旅游资源的合理利用与居民生活水平的全面提高。同时，在旅游扶贫的过程中也要注意从政策调整、规划制订、技能培训等不同层面进行完善，杜绝“因旅致贫”现象的出现。

三江侗族自治县文化底蕴深厚、旅游资源丰富，以旅游扶贫为载体，通过旅游业引领三江其他产业融合发展，能有效实现旅游业真正成为精准扶贫的先行者，为三江县贫困人民创设更多更好的发展机会，从根本上解除生产与发展的制约，实现三江经济环境、社会文化环境与自然环境的可持续性发展。

旅游扶贫不能仅仅依靠“旅游+合作社”“旅游+政府”等发展模式，想要实现旅游扶贫的长效化，我们应该创新性地发展更多“旅游+”模式，如“景区+企业+贫困户”模式、“公司+合作社+贫困户”模式、“旅游景点+合作社+贫困户”模式、“节庆活动+旅游”模式等。

第 9 章

“易地搬迁+产业扶贫”模式探索

——广西南丹县推进精准扶贫案例分析

9.1 案例记录：“告别穷山恶水，再造崭新家园”

2020年4月，习近平总书记到陕西省安康市平利县老县镇锦屏社区考察调研，在访问易地搬迁群众时指出，“移得出、稳得住、住得下去，才能安居乐业”。

南丹县，隶属广西壮族自治区河池市，辖7镇4乡，有汉、壮、瑶、苗、毛南、水、仫佬等23个民族，历史悠久，汉元鼎年间已成建制。南丹县地处云贵高原向桂西北丘陵过渡的斜坡地带，多民族共存生态及典型的喀斯特地貌构成了独有的风情，但也是制约了南丹县的经济发展。喀斯特地貌的地理情状、多民族的人口结构，使得南丹县少数民族呈现出小聚居的社会状态。与此同时，因为特定的历史原因，大多数少数民族均聚居于山高水恶的环境之中。南丹县要整体脱贫，首先必须是少数民族的脱贫。

南丹县位于西南公路210国道和黔桂铁路交叉点上，加之国家重点工程龙滩电站的前期工程南丹—天峨二级公路已建成，交通的便利给予南丹整体性脱贫最好的历史契机。南丹县在自治区和河池市党委、政府的坚强领导下，2016年和2017年共减贫35522

人，贫困发生率下降到2.58%。2018年4月8日，广西壮族自治区人民政府正式批复同意南丹县脱贫摘帽，退出自治区扶贫开发工作重点县。根据《南丹县强化易地扶贫搬迁后续扶持工作实施方案》（丹脱指发〔2020〕18号），计划到2020年底，搬迁群众“两不愁三保障”问题得到有效解决，与安置地群众享有同等便利可及的基本公共服务，实现“搬得出、稳得住、能脱贫”，与全国人民一道进入全面小康社会。到2025年底，安置点配套基础设施公共服务能力将进一步提升，搬迁群众在稳定脱贫的基础上实现“能发展、可致富”，有效融入新环境、适应新生活。

南丹县扶贫之路为何走得如此顺畅？回顾走过的路程，其根本的重要举措在于，南丹县政府在国家的政策方向引导下，因地制宜地制定了扶贫举措——易地搬迁基础上的产业扶贫。

为推动易地搬迁工作的开展，南丹县政府深入少数民族聚居地，深度精准确定贫困家庭并建档立卡。在此基础之上，统筹各方面的资金，推进贫困家庭安置房的建设，并实现贫困家庭集体搬迁。光实现整体搬迁，使少数民族贫困家庭搬离“穷山恶水”是远远不够的，必须给贫困家庭提供可靠稳定的收入来源，实现其自身“造血”。为此，县政府大力推进产业扶贫，通过招商引资，推进产业园区的建设，推进旅游产业扶贫的发展，帮助大量的贫困家庭人口实现就业，解决他们的收入来源问题。

具体的行动举措表现为以下几方面：

首先，在资金筹措上发力，用“大投入”换来“大变样”。创新“上级资金+财政投入+企业融资”等融资模式，截至2018年

9 月，在脱贫攻坚中投入资金近 30 亿元，使贫困地区面貌焕然一新。

其次，在易地搬迁上发力，创造南丹模式，在全区推广。该县采用“乡镇分散安置 + 县城集中安置 + 旅游产业与易安结合安置”等模式，主动争取易地搬迁指标 1.35 万人，实施“千家瑶寨·万户瑶乡”旅游扶贫项目，抽调处级领导 18 人、干部 200 多人、施工队伍 6000 多人，在 180 天内高效完成 2482 套安置房建设任务。自治区、市现场会在南丹召开。南丹成为“壮族三月三·八桂嘉年华”文化旅游节广西卫视直播现场，并由央视《新闻联播》报道。

同时，在基础设施上发力，攻克贫困地区脱贫发展“瓶颈”。南丹县投资 4.15 亿元，实施贫困村基础设施建设大会战，全力解决村屯道路、人畜饮水等六大难题，目前，所有项目均已完工，所有行政村全部实现通硬化路、实现网络信号全覆盖；大部分村屯实现通水泥路。南丹县还主动加压，在实现贫困村屯通砂石路的基础上，全面完成路面硬化提升工程。2018 年，南丹县又筹措资金 1.42 亿元，实施非贫困村脱贫攻坚基础设施项目，力争解决 20 户以上自然屯的道路硬化问题。由 2019 年南丹县政府工作报告可知，南丹 2019 年筹措 4300 万元，升级硬化道路 43 条 83.64 公里，修建便民桥梁 12 座 148 米，维修水毁道路 39 条[①]。2020 年 4 月，南丹计划基础设施建设工程（一期）项目总投资 1.06 亿元，

① 南丹县政府办公室. 2019 年政府工作报告［R/OL］.（2020－02－06）［2020－11－10］. http：//www.gxnd.gov.cn/xxgk/gzbg/t1432008.shtml.

资金来源拟通过中央预算内资金和地方配套解决。

此外，在产业扶贫上发力，千方百计增加群众收入。南丹县出台《南丹县就业创业特色产业精准扶贫实施方案》，投入1.3亿元，发展十大扶贫产业，5465户贫困户获益，贫困户产业覆盖率达85.3%；投入3000多万元，支持各村发展富硒米、猕猴桃、核桃、油茶等产业，全县47个贫困村集体经济年收入全部超2万元，实现“零突破”；投入1100多万元，鼓励2151户转移就业，增加收入。由南丹县2019年政府工作报告可知，全县完成工业投资15亿元，较上年增长35.6%；培育规模以上工业企业11家，规模以上工业企业总数达29家，创历史最好成绩。河池·南丹工业园区实现工业总产值156亿元、工业增加值24亿元。

最后，在社会保障上发力，让群众更有获得感和幸福感。南丹县加强教育扶智保障，坚持教育优先发展，投入3亿多元推进教育发展，以全市最高分通过自治区义务教育均衡发展验收。加强医疗卫生保障、政策兜底保障，全面推行扶贫线与低保线“两线合一”，坚持“应保则保、应退则退”，将无力脱贫人员全部纳入低保。创新开展“党建+感恩教育”活动，激发群众的感恩情怀，引导群众深切感受扶贫政策的利好和家乡的变迁，增强脱贫信心和决心。①

异地搬迁产业扶贫模式中，贫困户是这个链条的中心环节

---

① 韦乐．2016年以来，南丹共减贫3.5万人，贫困发生率降为2.58%，成为河池市首个脱贫摘帽的县（区）——获自治区3000万元奖励［N］．河池日报，2018-09-13（03）．

(见图9－1)。该模式是当地目前从政府层面来全力推进脱贫攻坚的最新手段和方式，从实施过程和结果来看，成效是明显的。

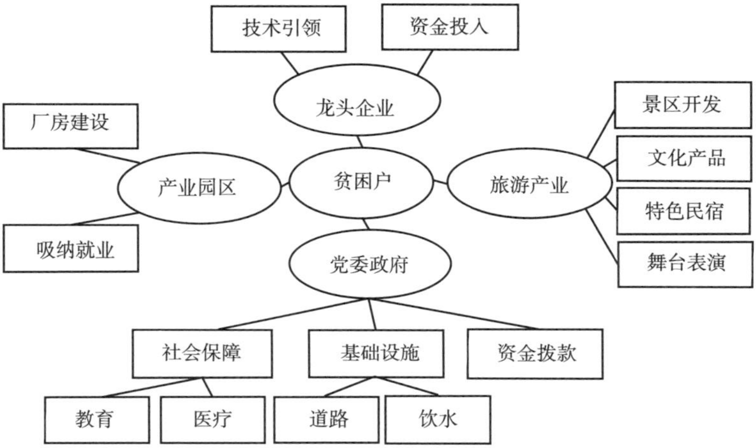

图9－1 异地搬迁产业扶贫模式流程图

9.2 案例分析

易地扶贫搬迁是中国“十三五”时期实施脱贫攻坚、精准扶贫、“五个一批”的重要举措，旨在对生存环境恶劣地区的农村贫困人口实施易地搬迁安置，破解“一方水土养不起一方人”的发展困境，增进贫困地区民生福祉，使贫困人口共享发展成果。[①] 美

① 国家发展和改革委员会．全国易地扶贫搬迁年度报告（2017）［M］．北京：人民出版社，2017：257－258．

国科学家考尔最早提出生态移民的概念，认为生态移民是为了保护贫困地区生态环境，将生态脆弱地区的超载人口迁到人口承载能力强的农村社区或城镇郊区，从事农牧农畜产品加工业及相关产业的工作。① 而随着实践的推进，生态移民的概念逐渐应用到扶贫工作中，易地扶贫搬迁成为解决受自然环境、资源等因素制约的顽固性贫困地区脱贫问题的一个行之有效的方法。

有研究表明，搬迁成本制约反贫困效果，农业资源有限和非农就业机会不足等因素导致移民再次流动，故而易地搬迁需要考虑贫困户的多样性需求，需要实现易地扶贫搬迁转型，促使移民融入安置地经济发展链条。② 从动机理论的视角来看，农户易地扶贫搬迁的决策理性尚处在生存理性向价值理性的过渡阶段，经济理性是促使农户搬迁的主要动机。③ 所以，易地扶贫搬迁政策决不能是“拍脑袋”决策，要充分考虑搬迁成本以及搬迁效益，通过科学方法分析论证方案的可行性，并结合安置区社会环境，安排好贫困居民安置的后续管理工作，完善相关基础设施建设，提高公共服务水平，使易地扶贫搬迁工作成功落到实处。

南丹县通过做好统筹规划、完善基础配套设施、补齐公共服务短板、加强产业扶贫建设等举措，成功地完成易地扶贫搬迁的大工程。

---

① 徐锡广，申鹏. 易地扶贫搬迁移民的可持续性生计研究——基于贵州省的调查分析［J］. 贵州财经大学学报. 2018（01）：103－110.

② 王晓毅. 易地扶贫搬迁方式的转变与创新［J］. 改革. 2016（08）：71－73.

③ 时鹏，余劲. 易地扶贫搬迁农户意愿及影响因素研究——一个基于计划行为理论的解释架构［J］. 干旱区资源与环境. 2019.33（01）：38－43.

9.2.1 易地扶贫搬迁过程中政府工作落地举措分析

(1) 确定搬迁数，分析安置区社会环境的总体情况

毛泽东在《反对本本主义》一文中指出，“没有调查，就没有发言权”。将易地扶贫搬迁工作成功落到实处，必须进行充分的环境调查，分析安置区社会环境的总体情况，统计好搬迁人口的数量，计算安置区的环境承载能力，并根据了解的情况因地制宜地制定后续的扶持管理方案。所以，南丹县的易地扶贫搬迁必须确定搬迁数，分析安置区社会环境的总体情况。

经过翔实到位的精准定位工作，南丹县确定的易地扶贫搬迁规模为 21694 人（全部是建档立卡贫困人口）。[①] 根据此搬迁规模，在统筹自治区扶助项目资金的基础上，确定了安置区地点，安置建设项目分别为乡镇分散安置项目、县城集中安置项目和“千家瑶寨 · 万户瑶乡”易地扶贫旅游开发项目。同时确定项目建设时间，集中在 2016 年和 2017 年；明确安置方式，安置方式采取集中安置为主（无土安置）和部分分散安置为辅相结合，设有县城集中安置小区和“千家瑶寨 · 万户瑶乡”易地扶贫旅游开发项目里湖王尚安置点、八圩社区安置点、八圩瑶寨安置点 4 个统规统建集中安置点；在 6 个乡镇设农户自建分散安置点。截至 2017 年 12 月底，全县“十三五”易地扶贫搬迁工程所有移民住房全部建成，

---

① 南丹县绩效考核领导小组办公室. 南丹县扶贫开发办公室 2018 年度绩效展示材料 [EB/OL]. (2018 - 10 - 19) [2020 - 11 - 10]. http: //www. gxnd. gov. cn/xxgk/jxzs/t22850. shtml.

共有4204户21202人搬迁入住，其中建档立卡贫困户4034户20484人，同步搬迁非贫困户170户718人，搬迁入住率93.3%，建档立卡贫困人口搬迁入住率94.44%。[①]

在此基础上，为加强贫困居民安置的后续扶持管理，2018年4月，南丹县成立了“南丹县易地扶贫搬迁集中安置点社会创新管理专责小组”[②]，抽调精干力量进驻县城安置点、里湖王尚安置点和八圩片区安置点开展后续扶持管理工作，取得较好工作成效。一是加强“千家瑶寨·万户瑶乡”易地扶贫旅游开发项目后续管理，成立了“千家瑶寨·万户瑶乡”项目旅游景区管理委员会；新组建了南丹县公安局旅游警察大队并在“千家瑶寨·万户瑶乡”项目核心景区里湖王尚安置点设置了旅游景区警务室。二是各安置点成立了党群服务中心，参照村委（社区）模式组建了临时党支部和社区管委会等组织机构，落实了办公场所、办公经费和工作人员及其待遇，健全工作机制，制定了移民积分管理、文明卫生公约等规章制度，各项后续扶持管理有章可循、有序开展，整个易安区社会和谐稳定。

（2）安置区配套设施建设情况

加快基础设施建设是贫困山区实现小康的必由之路。[③] 乡村基

---

① 南丹县绩效考核领导小组办公室．南丹县扶贫开发办公室2018年度绩效展示材料［EB/OL］．（2018－10－19）［2020－11－10］．http：//www.gxnd.gov.cn/xxgk/jxzs/t22850.shtml.

② 南丹县人民政府．南丹县2018年度重点工作展示材料［EB/OL］．（2018－10－15）［2020－11－10］．http：//www.gxnd.gov.cn/xxgk/jxzs/t22776.shtml.

③ 徐学明．加快基础设施建设是贫困山区实现小康的必由之路［J］．中国农村经济，1996（09）：81.

础设施建设与乡村旅游存在耦合互动关系，乡村基础设施是乡村旅游的生存空间和旅游过程发生中心，为乡村旅游发展提供强大的经济支持、完善的基础设施和多元的社会服务。① 所以，南丹县通过发展旅游业带动一系列产业经济联动发展，必须重视配套设施的建设。配套设施如同乡村运转的“齿轮”，没有齿轮，新区建设得再好也是空架子，不仅无法满足村民日常的生活需要，也难以吸引旅游者前来消费。

为满足移民搬迁入住移民新居生活及生产需求，南丹县又通过开展“配套设施建设行动计划”，完成了项目建设各项扫尾施工，加快推进相关配套设施建设进程。截至2018年底，各个安置点水电路设施完备，完成了屯内道路硬化、绿化、亮化及美化。

截至2019年4月，各安置点配套的幼儿园、学校、卫生室和农贸市场、污水处理站等公共服务设施正在加快推进建设进程。第一，县城集中安置小区：完成了县四小和山口林场小学扩建，新建县第二、第三幼儿园，成立社区党群服务中心及移民管委会办公室。第二，八圩瑶寨安置点：建成蓝靛染布坊扶贫车间1个，带动贫困人口就业21人②；幼儿园和农贸市场已完成主体建设，正在装修；居民服务中心和污水处理厂项目正在开展前期工作。第三，八圩社区安置点：配套建设农贸市场、幼儿园、居民服务中心、文体中心、文化广场、扶贫产业园，迁扩建八圩卫生院、扩建八圩中心小学。

---

① 王蓉. 发展农村基础设施建设 促进乡村旅游扶贫［J］. 农村实用技术，2019（04）：55－56.

② 南丹县委宣传部. 南丹县首家“就业扶贫车间”正式授牌［EB/OL］.（2018－09－03）［2020－11－10］. http：//www.hcwmw.cn/wmxx.asp? idt＝7777.

截至目前，文体中心已经建成使用。八圩扶贫产业园第一期已基本建成，进驻劳动密集型企业 5 家，其中服装厂 3 家、电子厂 2 家，目前在岗工人近 600 人，大多是安置点的搬迁群众。[①] 24 米大道已经完成道路硬化。居民服务中心、幼儿园、八圩中心小学扩建已完成主体建设正在装修。农贸市场、迁扩建八圩卫生院、文化广场已经完成征地拆迁，正在实施场地平整。第四，里湖王尚安置点：已完成了景区风貌改造、山地自行车比赛车道铺设和民宿规划工作；瑶王府广场、瑶王食府、瑶裙池、白裤瑶特色商品市场和卫生院主体已完工；安置点幼儿园和小学已经完成场地平整工作。

（3）明确安置区人居环境和公共服务短板补齐措施

基本公共服务供给对于贫困地区减贫具有重大意义。基本公共服务减贫效应的作用机理在于：提高贫困地区农业生产率和贫困人口生产力水平，增强贫困地区人口的发展能力，降低贫困地区的脆弱性和减少社会排斥。[②] 由木桶效应，一个木桶的容量不是由长板决定，而是短板，所以补齐短板，均衡发展不可忽视。故而，补齐公共服务短板至关重要。所以，南丹县的易地扶贫搬迁需要明确人居环境和公共服务短板，并对症下药想出相应的“补齐”办法。

①人居环境和公共服务短板。

首先，产业支撑作用薄弱。根据调查分析来看，南丹县集中

---

① 韦鹏雁，郁德忠．南丹：白裤瑶群众家门口就业增收［N］．广西日报，2019－10－22（012）．

② 曾小溪，曾福生．基本公共服务减贫作用机理研究［J］．贵州社会科学．2012（12）：91－94．

无土安置人口规模较大，易地搬迁贫困家庭群众后续产业发展、创业及就业扶持任务重、压力大，由于产业资金短缺、投入不足，产业发展相对滞后，严重影响了易地搬迁贫困家庭群众就业增收及稳定居住。

其次，居住地与户籍地不一致，存在两头不靠岸现象。因安置点部分配套设施未完善、安置方式为无土安置、生产生活需要、生活习惯等原因，一部分搬迁群众在老家和安置点两头居住，造成时常在原居住地找不到人，在安置点也找不到人现象，难以给其提供公共服务。

再次，搬迁群众原有陋习暂时没有改变，养成良好习惯需要一定时间。由于易地搬迁群众原居住地自然条件差，缺水严重，部分群众存在随意扔垃圾、随地大小便、不讲究卫生、嗜酒等陋习，搬入新房后一时无法改变，造成安置点卫生脏乱差现象，时常出现厕所、排污管堵塞。

此外，没有物业管理，公共服务存在缺口。项目验收移交后，安置点水电由供水、供电部门管理，垃圾由政府统一收集，但目前楼道等公共区域用电、用水、卫生等支出由谁负责未明确，厕所和排污管堵塞需要自行解决，群众等靠要思想严重，不愿自己处理。

最后，安置点社会治安有待加强。移民安置点集中安置人多，人际关系复杂，给当地社会治安带来很多新问题，时常有偷盗、斗殴等情况，但是乡镇派出所警力少、工作量大，且安置点缺少监控探头等设施，造成工作难度大。

②“补齐”办法及预期情况。

首先，加快产业发展。一是促进“千家瑶寨·万户瑶乡”项目旅游核心景区提质发展。成立景区专门管理机构和融资部门，强化项目督导和资金投入，加快景区建设进度，到2019年12月底，基本完成“印象白裤瑶”实景表演场、中国白裤瑶旅游商品交易市场和游客集散中心等旅游设施建设，实现旅游景区试运营；到2020年景区正常运行后，可以带动搬迁户参与旅游开发就业及脱贫致富。二是加大八圩扶贫产业园建设及招商引资工作。帮助已签约入驻的5家电子和服装企业做好工人招聘和生产工作，2019年底争取解决1500人就业问题。同时加快八圩扶贫产业园建设，力争招商引资入驻劳动密集型企业达40家以上，就近解决7000多名移民就业问题①，实现搬迁户稳定脱贫致富。

其次，实施积分制管理，培养群众良好习惯。南丹县政府通过广泛的调研取经，引进了湖北群艺积分制管理系统，采取主动申报、正向积分的方式，发动群众积极参与安置点各种公共服务活动和自我管理，凡是参与的都给予一定积分，适时开展积分兑换活动，对积分排在前列的给予兑换物资或者组织外出旅游等奖励，提升他们的参与积极性。持续深入开展“小手拉大手、共筑美好家园”活动，开展养成教育，带动群众改掉陋习、养成好的习惯。

最后，开展社区综合治理，建设文明安置新区。加强安置点党支部、管委会、警务室等建设，加强法纪、感恩、文明卫生和

① 杨彩云．南丹八圩瑶乡办起了扶贫产业园［EB/OL］．（2019-3-7）［2020-10-31］．http：//www.gxmzb.net/content/2019-03/07/content_27224.htm.

环境保护教育，提高移民素质，筑牢民族团结长城，构建和谐移民新区。

9.2.2 产业扶贫的设计分析

迈克尔·塞尼在《移民与发展》一书中指出，移民搬迁会使原有的生产体系受到破坏，许多工作机会、大量有价值的土地和其他创收性资产会丧失，生产者及服务的消费者与当地劳动力市场的联系遭到破坏。[①] 所以，易地扶贫搬迁必须考虑搬迁后贫困户的可持续性生计问题，而实施产业扶贫政策，促进当地产业发展，是解决搬迁后生计问题的行之有效的良策。

产业扶贫也被称为开发式扶贫，主要以发展和扶持贫困区域的特色产业为手段。产业扶贫的具体目标是大力扶持地方特色产业，提升贫困地区群众的自身发展能力，促进贫困区域人口脱贫致富，其具备的“开放式+造血式”的帮扶模式，对于改进欠发达区域的久扶不脱贫困境有着非常显著的效果。[②] 由产业聚集理论，建设产业园区可以有效实现地区产业地域性聚集，形成聚集合力，发挥经济溢出效应。产业集聚指同一产业在某个特定地理区域内高度集中，产业资本要素在空间范围内不断汇聚的过程。[③] 产业集聚将

---

① 迈克尔·塞尼. 移民与发展：世界银行移民政策与经验研究［M］. 水库移民经济研究中心，编译. 南京：河海大学出版社，1996：28.

② 王春萍，郑烨. 21世纪以来中国产业扶贫研究脉络与主题谱系［J］. 中国人口·资源与环境. 2017. 27（06）：145-154.

③ 梁明珠，刘少和. 环大珠三角城市群游憩带旅游产业集聚发展路径模式——以广东山海旅游产业园区建设为例［J］. 经济地理. 2015（06）.

固定资产的最佳使用者在同一空间内集中，增强了固定资产的折变能力，降低了融资约束程度。[①] 从交易成本的角度出发，产业聚集可以降低交易成本，增加经济利润，相关产业之间形成互利互惠，相互促进的“海葵—寄居蟹”型共生关系。根据国外的经验，美国、法国、日本、韩国、巴西、北欧四国（挪威、瑞典、丹麦、芬兰）等国主要依托其自然资源优势，发展特色农业产业和乡村旅游业[②]的方式助力脱贫。国内产业扶贫的探索亦不少，有研究表明，农业产业扶贫总体上显著促进了农户种植业投入和收入的增加。[③]

终上所述，易地扶贫搬迁需要考虑搬迁后产业发展问题，通过产业扶贫，解决贫困户的生计问题。

南丹县在通过完成易地扶贫搬迁安置任务的基础上，明确产业扶贫路子，实现了因地制宜的产业扶贫具体方式，通过建设八圩产业园区，发展新生态水果产业、“千家瑶寨·万户瑶乡”旅游产业项目，发动本地企业参加等一系列措施，解决贫困户的生计问题。在这一过程中，除了设计好各方责任，最关键，也是最值得肯定的就是实事求是地对待产业发展过程中存在的各种可预见和不可以预见的问题，灵活多变，全方位、多角度，多层次，尽一切可能采取各种有利于并确保贫困户脱贫致富的措施。

---

① 茅锐．产业集聚和企业的融资约束［J］．管理世界．2015（02）：58－71．

② 陈成文，陈建，陶纪坤．产业扶贫：国外经验及其政策启示［J］．经济地理．2018，38（01）：127－134．

③ 杨龙，李宝仪，赵阳，等．农业产业扶贫的多维贫困瞄准研究［J］．中国人口·资源与环境．2019，29（02）：134－144．

（1）加快推进八圩产业园区的建设进度

产业园区是指一大片土地细分后进行开发，供一些企业同时使用，以利于企业的地理邻近和共享基础设施。企业通过入驻产业园区，可以有效形成规模效应，降低成本，提高利润，实现协同发展。所以，建设产业园区，有助于解决易地扶贫搬迁后的经济发展问题，为大量贫困户提供就业机会。

八圩易地扶贫搬迁产业园区在南丹县政府大力招商引资政策的主导下，已正式投产运行。截至2019年2月底，该产业园已经正式投产运行的企业共有5家，分别是：深圳市联合纵横科技有限公司、深圳市瑞景丰实业有限公司、广州浩月服装公司、北流市懿航服装厂以及玉林月之悦服装有限公司。一期企业的入驻，为解决贫困户就业问题打响了开门红的第一炮。让其他易地搬迁贫困家庭群众看到了未来实现就业、获得稳定可靠收入的希望，生活有了奔头。

（2）推动新生态水果产业扶贫的政策落地

短期经济收入和粮食自给问题是易地扶贫开发前期首要要解决的问题。[①] 而种植业周期短、收成快，有助于解决易地扶贫搬迁后的短期经济利益问题，使其通过自给自足的方式获取满足贫困户维持衣食住行等基本生活需要的资金。将特色产业与绿色发展模式相结合，大力发展特色种植业[②]，可以有效解决脱贫的短期经济收入问题。所以，大力发展种植业有助于解决搬迁后的短期经

① 曾馥平，等．荒坡地新建果园几种间种模式及资源利用——以广西环江肯福异地扶贫示范区为例［J］．山地学报．1999（03）：74－78．

② 方世川，陈潇潇．民族地区破解“深度贫困”产业融合路径研究——以广西南丹县为例［J］．广西民族大学学报（哲学社会科学版）．2018.40（05）：61－65．

济收入和粮食自给问题，而南丹县推动新生态水果产业扶贫的政策，很好地体现了这一思想。

近年来，南丹县大力发展红心猕猴桃产业，结合精准扶贫、精准脱贫工作实际，把红心猕猴桃作为脱贫致富的主导产业加以推进，帮助贫困群众建立“造血”机能、稳定增收长效机制，引导、带动广大贫困户参与生产、经营，实现增收致富。同时，积极搭建“党建 + 媒体 + 电商”平台，开启政府引导、媒体推动、电商衔接、果农参与的“一条龙”服务销售模式，该县许多合作社的猕猴桃也通过网络销往全国各地。

同时，南丹县还推进实施了线上线下相结合、小电商抱团发展、电商朋友圈等销售模式。2018 年 8 月 18 日—10 月 31 日，在南丹县金芙蓉广场还将举行“南丹猕猴桃”推介展销会，全县 20 多家猕猴桃种植专业合作社和 70 多户种植户将展出优质猕猴桃果品。[①] 未来，南丹县政府计划将通过相关政策的引导将此推介展销会作为品牌永久落地南丹。截至 2020 年 4 月，全县共创建各级现代特色农业示范区（园、点）138 个，获得认定 129 个，培育市级以上农业产业化龙头企业 5 家、新型农业经营主体 418 家，形成了“一村一业”“一乡几品”的农业产业格局。2019 年，城关镇四山村“红心猕猴桃”获全国“一村一品”示范村镇认定，品牌叫响全国。[②]

① 沙颜勇，卢遥，曹龙．南丹万亩猕猴桃搭上“互联网 +”快车［EB/OL］．(2018 - 08 - 18)［2020 - 10 - 31］．http：//www. gxnd. gov. cn/ndxw/t24679. shtml.

② 韦鹏雁，莫梦姜．南丹品牌化经营提升扶贫产业效益［EB/OL］．(2020 - 04 - 11)［2020 - 10 - 31］．http：//www. gxzf. gov. cn/zt/sz/gxyhyshjjxs/jyjj/20200411 - 805940. shtml.

(3) 加快推进“千家瑶寨·万户瑶乡”易地扶贫搬迁项目的旅游产业开发

从长期经济利益来看，易地扶贫搬迁须从长远发展的眼光考虑贫困地区可持续性长久发展问题，结合南丹县自然资源，文化资源丰富的情况，发展旅游产业是一个极具战略眼光的选择。

旅游产业链是在一定的区域范围内，以具有较强竞争力的旅游企业为核心，围绕满足旅游者食、住、行、游、购、娱等需求而形成的相关行业间、企业间的相互影响，相互制约的竞与合关系，它包括满足旅游者需求的所有企业的集合。[①] 研究表明，旅游投资对西部地区经济增长具有显著效用。[②] 从文化软实力的视角来看，通过打造兼具民族特色、地域风貌、历史韵味等文化多样性的乡村旅游发展模式[③]，不仅可以助力脱贫，形成文旅融合的扶贫长效机制，也弘扬了优秀传统民族文化，实现经济效益、社会效益、生态效益的融合与共赢。所以，南丹县结合自身的资源优势大力发展旅游产业，可以有效解决搬迁后的长期经济利益问题，形成自给自足的良性产业运作模式。

“千家瑶寨·万户瑶乡”易地扶贫搬迁项目的旅游开发包括大型实景演出舞台、特色民居民宿、白裤瑶民俗文化展示区、游客

---

① 邓小海，曾亮，罗明义．产业链视域下旅游扶贫问题诊断及对策研究［J］．当代经济管理，2014. 36（11）：56－59.

② 赵小芸．旅游投资在西部旅游扶贫中的效用分析［J］．旅游学刊．2004（01）：16－20.

③ 刘杨星，黄毅．西部民族地区乡村旅游扶贫机理与路径选择——以四川阿坝藏族羌族自治州为例［J］．农村经济．2018（11）：73－79.

集散中心、星级旅游公厕等旅游项目。景区将利用紧邻贵州荔波大七孔、小七孔等景区的优势，打造跨省旅游扶贫示范区，充分融入白裤瑶铜鼓文化、陀螺文化、服饰文化、婚恋文化、歌谣文化、葬礼文化和狩猎文化，整合歌娅思谷国家4A级景区，连片开发打造建筑独具特色、民族风情浓郁、自然生态和谐、夜景璀璨迷人的国家5A级景区，成为全国旅游经济跨省合作的典范、全国旅游扶贫的典范、全国易地扶贫搬迁的典范、全国民俗文化保护的典范、全国特色小镇建设的典范。

该旅游产业项目在正式开发完成后，当地白裤瑶群众将能有效地以此为依托，通过开发白裤瑶的文化资源，形成文化产品。政府在未来将致力于打造“白裤瑶”世遗品牌，让白裤瑶群众安家创利，实现民族特色致富金不换。

（4）发动本地企业积极参与扶贫产业建设

社会资本突破了物质资本救济式和人力资本开发式扶贫机制，扶贫实践中，逐渐确立了多元社会参与式精准协同扶贫治理机制。[①]通过鼓励企业积极参与扶贫产业建设，有助于形成企业和农民之间良性互动的正反馈关系：一方面，农民生产和生活条件得到极大改善；另一方面，企业也换取了农民的支持和良好的发展环境[②]。所以，扶贫产业建设不仅需要政府的引导，还需要多社会主体共同发力，以利益联结为纽带，形成有效激励作用，实现社会网络利益共享。

---

① 黄顺君．社会参与西部少数民族地区精准协同扶贫机制创新研究——基于社会资本协同扶贫治理逻辑［J］．贵州民族研究．2016（11）：20－21．

② 张琦．企业参与扶贫开发的机理与动力机制研究——以陕西省“府谷现象”为例［J］．中国流通经济．2011，25（04）：58－63．

2018年以来，南丹县紧紧围绕巩固提升脱贫摘帽工作成果的目标，深入开展“千企连千村”活动，积极引导非公企业通过“企业+农户”“合作社+农户”“招聘会+农户”等模式参与脱贫攻坚，不断壮大农村产业基础，拓宽农民就业渠道，打造脱贫攻坚新引擎，全面提升脱贫攻坚质量。

截至2018年7月，全县共有44家企业参与脱贫攻坚，与11个贫困村签订帮扶协议，辐射合作社325个，谋划产业基地23个，投入产业帮扶资金1.5亿元，带动3100户发展产业，培训及带动就业2万人次；12家企业接收贫困户小额信贷委托经营资金3.3亿元，每年共计发放贫困户分红资金2640万元。非公企业通过参加县级招聘会、乡镇招聘会、自主招聘等方式，累计为贫困户提供就业岗位2000多个。组织商会及部分非公企业为贫困户捐赠价值20多万元的物品。①

9.2.3 产业扶贫机制的创新举措

南丹县在推动产业扶贫的路上，还有效地通过总结工作经验，实现了机制上的、模式上的创新。“扶贫车间”概念的提出就是经典案例。为切实抓好就业扶贫工作，引导和鼓励有条件的企业或社会组织吸纳贫困劳动力就业，2018年来，在县委、县政府的领导下，在上级部门有关政策的部署下，南丹县结合实际抓好全县就业扶贫车间吸纳建档立卡贫困人员就业工作，助推就业扶贫和

① 刘世超. 南丹44家企业参与脱贫攻坚，投入产业帮扶资金1.5亿元，带动3100户发展产业［EB/OL］.（2018-07-26）［2020-10-31］. http://www.gxnd.gov.cn/gdtt/t14299.html.

脱贫攻坚工作。

“扶贫车间”就业模式，就是通过组织贫困农户开展农产品加工、手工艺制作等生产活动，发展“一村一品”特色产业，打破贫困人口“不愿转、不能转”的困局。扶贫车间包括“厂房式”“居家式”“合作社式”三种模式。[①] 在脱贫攻坚战的背景下，“扶贫车间”的设立主要由政府主导，在生产场所、项目审批、税费优惠等方面给予大力扶持，生产方面主要由企业主导，在厂房建设、生产技术、市场销售等方面给予充分支持。[②] “扶贫车间”能够有效利用农村闲置劳动力，为贫困户提供就业机会，助力精准扶贫。所以，“扶贫车间”的创新之举，是南丹县易地扶贫搬迁实践中的一大亮点。

（1）明确主要工作思路

为使“扶贫车间”政策落到实地，需要明确好主要工作思路，主要包括以下四点：

一是认真贯彻落实《关于做好就业扶贫车间建设吸纳贫困劳动力就业的通知》（桂人社发〔2017〕82号）和《广西壮族自治区人民政府关于做好当前和今后一段时间就业创业工作的通知》（桂政发〔2017〕48号）文件精神，结合南丹县实际，县人社局、扶贫办、财政局联合制定《南丹县人力资源和社会保障局、财政局、扶贫开发办公室关于做好就业扶贫车间建设吸纳贫困劳动力

---

① 山东首创“扶贫车间”就业模式［J］. 领导决策信息. 2016（48）：20－21.

② 童永胜，张光新. “扶贫车间”如何充分调动农村闲置劳动力［J］. 农经. 2018（06）：92－95.

就业的通知》，并进一步推进实施。

二是多次实地走访调研，拓宽政策宣传途径。为让更多符合条件的企业、建档立卡贫困劳动力知晓扶贫车间政策，自扶贫车间文件下发到各政府工作部门后，首先由南丹县人社局组织相关工作人员多次深入车河工业园区用工企业、南丹县八圩里湖扶贫安置点等地进行调研、宣传，把扶贫车间建设的条件标准、企业能享受到的补贴福利等进一步宣传到位。其次利用各乡镇就业社保中心的定点服务窗口、帮扶干部等进一步加深宣传力度，力争做到家喻户晓、人尽皆知。

三是严格审核申请材料，组织实施认定挂牌。对于南丹县吉朗铟业有限公司、南丹县凤珍蓝靛染布坊提交的认定为就业扶贫车间的申请表，政府安排专人负责审核材料，并协同县扶贫办进一步核实建档立卡人员身份，待企业符合认定扶贫车间的标准后，由南丹县人社局牵头组织县扶贫办、县财政局共同为企业进行“扶贫车间”的认定且正式挂牌。同时，对于已经认定为扶贫车间的企业提交补贴申请，我们严格按照补贴审核流程严格落实材料审核。

四是稳定贫困户转移就业，帮助他们脱贫致富。截至 2018 年 10 月，南丹县认定了南丹县吉朗铟业有限公司、南丹县凤珍蓝靛染布坊 2 家就业扶贫车间，共吸纳有建档立卡贫困劳动力 37 人在扶贫车间就业。① 截至 2019 年 12 月，完成建设扶贫车间 49 家，20

① 南丹县绩效考核领导小组办公室. 南丹县人力资源和社会保障局 2018 年度绩效展示材料 [EB/OL]. (2018-10-19) [2020-11-10]. http://www.gxnd.gov.cn/xxgk/jxzs/t22792.html.

家扶贫车间挂牌认定，吸纳的就业人数 2737 人。[①] 贫困户每月的收入都在稳定在 1500 元以上，很好地解决了部分群众要在家照顾老人、小孩，不能出远门务工的问题。这样做能够帮助贫困户在家门口就近就业，帮助群众解决就业问题并使之有稳定的收入。

（2）典型案例

“南丹县凤珍蓝靛染布坊”由白裤瑶族服饰传承人黎凤珍创办，主要是开展传统的土法染布和手工刺绣瑶族服饰制作，被认定为南丹县“就业扶贫车间”。染布坊共吸纳了 21 名劳动力就业，其中吸纳建档立卡贫困劳动力 10 人[②]（包括瑶寨易地扶贫搬迁安置点的贫困劳动力），既有助于部分当地建档立卡劳动力稳定就业，又能传承瑶族服饰制作、土布染色的传统文化，成为当地吸纳建档立卡贫困劳动力就业的领头雁，让部分建档立卡劳动力每人每月收入均能稳定在 1500 元以上。2018 年 9 月 2 日，《河池新闻》播放《南丹首家就业扶贫车间挂牌》新闻报道；9 月 3 日，《河池日报》头版头条刊发《南丹首家“就业扶贫车间”正式挂牌》专题报道。该就业扶贫车间的认定和建设对南丹县推动落实就业扶贫工作起到了极大的鼓舞和示范作用。

（3）“扶贫车间”进展成效

截至 2018 年 10 月，南丹县认定了南丹县凤珍蓝靛染布坊、南丹县吉朗铟业有限公司 2 家“就业扶贫车间”，共有 904 人就业，

---

① 廖庆凌，韦乐. 南丹建成 49 家扶贫车间［EB/OL］.（2019 - 12 - 14）［2020 - 11 - 10］. http：//www. gxzf. gov. cn/mlgx/gxjj/zyjgmlq/20191214 - 784065. shtml.

② 莫梦姜，韦力云，覃昌国. 南丹县首家“就业扶贫车间”正式授牌［EB/OL］.（2018 - 09 - 03）［2020 - 11 - 10］. http：//www. hcwmw. cn/wmxx. asp？ idt = 7777.

其中吸纳建档立卡贫困劳动力 37 人在扶贫车间就业。截至 2019 年 12 月，南丹县建设扶贫车间总任务共 47 家，已完成建设 49 家，完成总任务的 104%。已挂牌认定的就业扶贫车间为 20 家，吸纳的就业人数为 2737 人，带动建档立卡贫困劳动力 408 人就业。南丹县政府在其工作计划中已经明确，未来将以典型树典范。南丹县凤珍蓝靛染布坊，作为南丹县首家“就业扶贫车间”，发挥了稳定白裤瑶建档立卡贫困户就业增收和传承发扬瑶族服饰非物质文化遗产双倍作用。这一典型案例的作用，对下一步南丹县八圩扶贫产业园区 5 家企业的认定起到了极大的推动作用，也将在未来对更多企业实施认定工作明确工作思路。

9.3 案例推广：“南丹”模式的可复制性探讨

在南丹“易地搬迁为基，产业脱贫为要”为思路所推进精准扶贫的模式中，所有的努力都指向同一个方向，那就是贫困户，贫困户是这个模式的初衷，是核心，让贫困户脱贫致富是这个模式的最重要的目的和意义。

这模式得以成功运作，必须具备几个条件：一是政府需要做好科学的规划设计，做好调查，明确问题，解决问题；二是完善相关基础设施建设，解决易地扶贫搬迁后的基本生活问题，解决搬迁户的后顾之忧；三是解决易地扶贫搬迁后的生计问题，做好产业建设工作，培育、生产出新的产业模块建设；四是发动企业参与产业建设，多元主体共同发力；五是做好思想疏导工作，争取得到农民的支持，并发动搬迁户积极参与扶贫产业建设，辛勤劳动，脱贫致富。这几个条件缺一不可，必须得到同时满足。

写作后记：

调研工作的过程中，抛开对南丹县政府扶贫工作具体举措的讨论，感触最深的就是政府工作作风的转变。习总书记讲："空谈误国，实干兴邦。"在党的十九大"四个伟大"精神的引领下，我们的党有了奋进的动力、奋进的方向。"行百里者半九十"，绝大多数的领导干部在他们的具体工作中锲而不舍、常怀报国之志，甚至以"傻得可爱的面貌"感动人民群众。人民群众看到了我们党的努力，看到了我们党对群众路线的回归。我相信，有这样伟大的党，有这样可爱的人民，中华民族伟大复兴的中国梦必将实现。

第10章

食用菌产业“三位一体”精准扶贫模式

——大学生回乡创业精准扶贫实践案例分析

10.1　案例记录：小蘑菇撑起致富伞

英国哲学家和科学家培根的经典名言：知识就是力量。第十届全国农村青年致富带头人、全国农业劳动模范、广西现代青年农场主、桂林市灵川县恩泽食用菌专业合作社理事长石志辉的成长经历，则很好地诠释了知识在农业生产中所迸发出来的力量与重要性。

10.1.1　案例概况

在灵川县九屋镇塘社村委东皋桥村，每当村民们提到石志辉都纷纷竖起大拇指，交口称赞——“食用菌种植大户”“致富好青年”“致富带头人”。他在农民中树起一面致富带头旗，争先锋、争优秀，是当地村民学习的好榜样。村民口中称赞的石志辉，男，1986 年 12 月出生，现任灵川县恩泽食用菌专业合作社党支部书记、灵川县恩泽食用菌专业合作社理事长、南宁市宇辉食用菌种植场的法定代表人（见图 10－1）。他创建的灵川县恩泽食用菌专业合作社直接带动附近村民实现增收。取得今天的成就，石志辉走过的道路并非是一马平川，相反，他的创业历程充满艰辛，但他凭着对家乡和亲人的热爱，凭着顽强的拼搏精神、坚忍不拔的毅力、吃苦耐劳的品质，踏踏实实，一步一个脚印地走出了属于自己的创业之路。

图 10－1　灵川县恩泽食用菌专业合作社党支部书记、
灵川县恩泽食用菌专业合作社理事长石志辉

创业初遇滑铁卢。“毕业时没想那么多，就是觉得与其去给别人打工，不如回来自己创业，正好自己学的专业也是与菌类相关的技术。”石志辉 2010 年于广西大学生物工程专业毕业后，选择了回乡自主创业，他用东拼西凑来的 3 万多元和两个表弟在自己的家乡——九屋镇塘社村委东皋桥村承包了 10 多亩田地并成立了灵川县恩泽食用菌专业合作社。“理想是美好的，现实是残酷的。”他和其他创业者一样，失败在所难免。2011 年，石志辉在种植反季节香菇时认为“虽然技术要求高，但是自己有专业知识，而且年前上市价格高、收益好，是个好项目”，于是通过向银行借贷扩大规模大干了一场。然而，由于经验不足，菇棚的湿度和其他技术问题没有处理好，春节前不能大量上市反季节香菇，收益远达不到预期目标。失败并没有让这个年轻的创业人退缩，反而更加坚定了他创业的决心和信心。之后，他为了增加种植科技含量，多次主动邀请大学时的导师——广西食用菌创新团队首席专家刘斌教授来基地指导工作，自己则是白天蹲在菇棚查看香菇长势，晚上回家研究、分析出现的各种情况和问题。同时，他还积极参加各类农业展销会和农博会，提升自己的种植能力和水平。

三年实践终成功。通过三年坚持不懈的努力，家乡的 10 多亩香菇生产终于走上了正轨。但是这样的规模远远没有达到石志辉心中的目标，他继续盘算着如何将产品和基地转向其他城市，做大做强。2013 年，他利用自己在南宁读书四年打下的人脉基础和对市场、环境的了解，于 7 月在南宁注册了一家企业——南宁市宇辉食用菌种植场，占地面积 30 亩，到目前为止，已投资 100 多万元，主要做食用菌生产、销售。创业需要胆大心细，石志辉对公司的发展思维缜密、思路清晰。他懂得利用品牌效应，也懂得互联网的强大作用。他与广西大学农学院、广西食用菌创新团队合作承担科技项目，深入研究香菇反季节栽培技术，尝试富硒食用菌种植开发，成功将无机硒源通过食用菌转化成为人体吸收有益的有机硒，提升了食用菌的品质等级（见图 10－2）。利用网络寻求更多的订单和资金，利用品牌拓宽销路。由于事业刚起步，一

图 10－2　富硒小香菇出菇

个新的品牌的打造需要花费更多的时间和财力，他又想出了新办法——与广西长生集团合作。有了品牌就有了销路，因此，桂林做出的产品都可以调到南宁加工后销往广东、上海、香港及东盟各国，在经历了坎坷、挫折之后，石志辉终于迎来了事业的曙光。

2011 年 3 月，石志辉成立了灵川县恩泽食用菌专业合作社（见图 10－3），被推选为合作社理事长。合作社租赁了九屋镇塘社村委大塘村、东皋桥村农用地 40 多亩，年生产加工香菇、木耳菌棒 100 万袋。合作社成员出资总额 80 万元，主要经营食用菌、蔬菜、柑橘等农产品种植、销售。合作社成立以来收购农户的稻草、玉米轩、禽畜粪便、木材厂锯木屑、山林废弃树木枝桠等农林废弃物累计近 520 吨，累计聘请农民工 1882 人次，累计组织生产菌棒、菌包、菌种近 100 万袋，发给九屋镇塘社村委大塘村、东皋桥村、泥竹岭村、岩背村、新寨村、江头洲、田尾洲、灌里村、涂家村、苏勃村、岭

图 10－3　灵川县恩泽食用菌专业合作社种植基地

底村等农户栽培出菇，组织栽培双孢蘑菇面积 20000 多平方米，带动农户增收 120 多万元，帮助农户销售食用菌农产品 3000 多吨，先后带动了农户 30 户共同发展食用菌种植，每户农户人均年增收 3000 元以上。8 年时间，灵川县恩泽食用菌专业合作社社员由初创时的 6 人增加至 65 人，为村里树起了“一村一品”的增收致富品牌，给当地发展食用菌起到很好的示范带动作用。2018 年 1 月，石志辉还组织成立灵川县恩泽食用菌专业合作社党支部，并担任灵川县恩泽食用菌专业合作社党支部书记，走出了一条“支部围绕产业转、党员创业示范带、群众致富跟着干”的发展新路子。

成为农村致富带头人。8 年来，在自己的努力耕耘和群众的支持下，石志辉在事业上取得了成功，也成了乡里邻居人人称赞的农村致富带头人。为表彰他的成就和贡献，石志辉先后被评选为广西电视台欢乐乡村行栏目组走进灵川活动“广西农村致富精英”、广西壮族自治区农业厅“广西食用菌种植标兵”、共青团广西区委“乡村创富好青年”。2016 年，石志辉荣获共青团灵川县委授予的“优秀团员”称号。他的食用菌项目荣获了共青团灵川县委“百县千乡”分类示范创建活动基层项目优秀项目。让父老乡亲更为之惊喜的是，2017 年石志辉还荣获了共青团中央、农业部联合颁发的第十届“全国农村青年致富带头人”称号（见图 10－4）。

石志辉还主动联系团委，打造青年创业就业示范基地，为农村青年、留守妇女、残疾人士开出了一条创业就业致富门路。另外，他又积极参与国家精准扶贫开发工作，为共青团广西区委挂

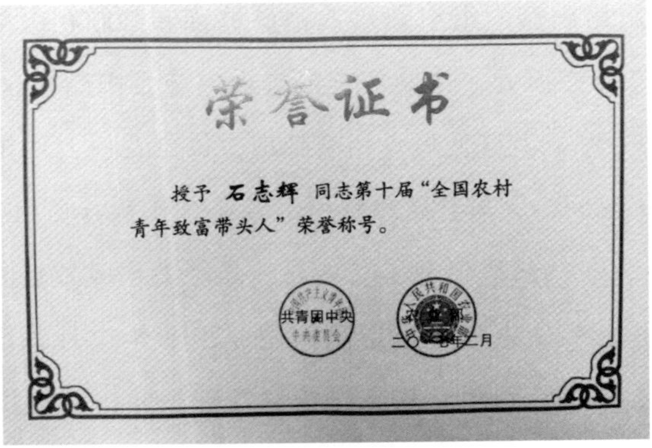

图 10－4　“全国农村青年致富带头人”荣誉证书

职在都安贫困县保安乡两位第一书记发展食用菌产业提供技术支持服务，为马山县加方乡内双村村民提供木耳栽培技术支持，为百色市右江区大楞乡罗甫村村民提供灵芝栽培技术支持。在桂林市资源县两水苗族乡、南宁市政协扶贫点上林县镇圩瑶族乡等深度贫困村为当地村民筹划产业扶贫基地，帮扶合作。他每年都会开展食用菌栽培技术培训班十几场，培训人次达 1000 多人次，多次到广西贫困山区实地教学解决技术难题，获得各地村民的好评。

10.1.2　脱贫成功案例：韦昌

河池市都安县保安乡元力村的韦昌，是共青团广西区委驻保安乡元力村的第一书记帮扶的贫困户，在种植食用菌前，韦昌以到工地做建筑工人或到处打零工度日。在第一书记的帮扶下，韦昌来到恩泽食用菌基地参加培训。石志辉给他做系统的培训后，还多次到他们村进行现场技术指导，有幸得到技术指导的韦昌第一年种植 5000 袋平菇拿到当地的市场销售，便卖出了 3 万元，扣除成本净赚 2 万多元。尝到了甜头后，韦昌如今成立合作社，发动周边农户种植，在第一书记的帮扶下建起标准化厂房，成为当地农村青年致富带头人。韦昌逢人就说，如果不是“共青团广西区委以及石志辉老师的帮助，我现在还在建筑工地打工”。

10.2 案例分析：食用菌产业精准扶贫三位一体模式分析

10.2.1 资源禀赋

根据经济地理学的人地关系理论，自然资源与经济之间有着密不可分的联系。[①] 政府通过合理的政策设计，充分利用贫困地区现有资源，可以在一定程度上减缓贫困的发生，发挥生态资源的优势，降低成本，将生态资源转化为生产力。[②] 过去，由于地处偏僻，交通不便，自然环境在一定程度上制约着农村的发展，以致产业化程度不高，但是，如果能够有效利用农村的自然禀

① Krugman, P.. Development, Geography and Economic Theory, Cambridge: MIT Press, 1997.

② 李强，高楠. 资源禀赋、制度质量与经济增长质量［J］. 广东财经大学学报. 2017, 32 (01): 4-12, 23.

赋，发挥比较优势，发展地方特色产业，便可有效促进自然资源的价值转换。

瞄准市场，实行差异化战略，可以增加市场竞争力，提高产品议价能力，石志辉对香菇反季节栽培技术、富硒食用菌栽培技术的探索，是差异化战略的成功典范。

灵川县位于广西东北部，与旅游名城桂林接壤，属中亚热带季风气候，四季分明，雨量充沛，年平均气温 18.7℃，年平均日照 1614.7 小时，年平均雨量 1926 毫米，年平均无霜期 318 天。自然资源丰富，丘陵植被保存完好，森林密布，田园风光四季交替，具有发展食用菌产业得天独厚的条件。

发展食用菌产业，不仅可以帮助农民脱贫致富，而且通过菌类作物的栽培，将动植物生产副产物作为其生产基质，进入新的生产体系中，既可实现生态经济发展目标，降低其对生态环境的负面影响，又解决了秸秆焚烧导致的空气污染、火灾和危害人类健康等问题①，实现扶贫与生态的耦合协调，协同发展。

10.2.2 政策扶持

有学者通过实证研究得出，政策影响资源禀赋对于经济的增长质量，当制度高效时，资源禀赋的投入会有力促进地区经济增长质量水平的提高；当制度低效时，资源禀赋的投入则会成为地

① 孔雷等. 中国食用菌产业现状及预测［J］. 食用菌学报. 2016，23（02）：104 - 109.

区经济发展的阻碍。[①] 所以，好的制度对于资源禀赋转化为生产力具有促进作用，而近年来国家加大食用菌产业的政策支持，给食用菌产业的发展提供了新的机遇。

2016年7月，习近平总书记在宁夏考察时强调，发展产业是实现脱贫的根本之策，要把培育产业作为脱贫攻坚的根本出路。2017年春节前夕，习近平总书记在河北省张家口市看望慰问基层干部群众时提出，要把发展生产扶贫作为主攻方向，努力做到户户有增收项目、人人有脱贫门路。[②] 李克强总理在2017政府工作报告中明确提出，要推动特色产业发展，增强贫困地区和贫困群众自我发展能力。[③] 2017年中央一号文件将食用菌列入优势特色产业之一。2019年中央一号文件再次明确，“加快发展乡村特色产业。因地制宜发展多样性特色产业，倡导‘一村一品’，‘一县一业’”。“积极发展果菜茶、食用菌……产业。支持建设一批特色农产品优势区。”2020年中央一号文件指出，“重点培育家庭农场、农民合作社等新型农业经营主体，培育农业产业化联合体”。这是对食用菌产业发展的充分肯定，是对发展食用菌产业给予的强有力的政策支持，为产业发展指明了方向。

我国食用菌在种植业中位居粮、菜、果、油之后的第五位。据中

---

① 李强，高楠．资源禀赋、制度质量与经济增长质量［J］．广东财经大学学报．2017，32（01）：4－12，23.

② 习近平春节前夕赴河北张家口看望慰问基层干部群众［N］．人民日报，2017－01－25（01）.

③ 冯克，任璐，郭少雅．产业扶贫是脱贫致富的根本出路——全国各地因地制宜推进农业产业扶贫综述［EB/OL］．（2017－06－01）［2020－10－31］．http：//nx.people.com.cn/n2/2017/0601/c192494－30264952.html.

国食用菌协会统计，2016 年食用菌产量 3596.66 万吨，产值 2741.78 亿元，产量规模占全球的 75% 以上。我国食用菌栽培种类 60 余种，其中商业规模化栽培种类 30 种（类），其中百万吨以上的大宗栽培种 7 类（11 种）。栽培用种量 216 万吨，折合 432 亿袋；原种用量 5.4 万吨，折合 16 亿瓶（袋）。[①]

为了推动灵川县食用菌产业健康快速发展，近几年来，灵川县委、县政府高度重视产业发展，上级产业主管部门加大扶持力度。灵川县充分利用独特的气候、区位优势，大胆创新、大胆探索、大胆集成。县农业农村局专门成立食用菌办公室，从食用菌企业、合作社及大户发展初期就对他们进行指导并提出生产和品牌建设的高定位、高标准要求。灵川县逐步形成了具有灵川特色的食用菌产业发展技术体系。有机富硒云耳、有机灵芝、有机香菇、林下套种等成为灵川食用菌产业名片。

10.2.3 市场需求

需求影响市场，市场影响供给，是需求决定论的重要思想，而需求决定论的分析，在于从经济变量出发，寻找供给短缺，既供不应求的产品。有学者认为，从扶贫的力量主体而言，不仅需要政府主导，更需要市场发挥在资源配置中的决定性作用。[②] 所以种植一种农作物之前，需要进行市场调查，分析市场需求、行业成长性，才

---

① 数据来源：《国家食用菌良种科研联合攻关实施方案》。

② 黄承伟. 中国扶贫理论研究论纲［J］. 华中农业大学学报（社会科学版）. 2020 (02)：1-7，161.

能使最终的产品满足消费者的需求，实现价值的转化。那么，如何满足消费者的需求呢？消费者行为理论、心理账户理论等可以为我们提供参考。消费者行为理论是指提高消费者效用。心理账户理论是指人们做经济决策时，在心理上以一种与经济学的运算规律相矛盾的潜在心理运算规则，对结果进行编码、分类和估价，把消费行为分为若干账户，而心理账户经常以非预期的方式影响决策。①

以食用菌产业为例，如果作为食品账户支出，由于市场食品五花八门，选择性替代品众多，消费者在采购食品时未必想到购买食用菌，而如果作为健康账户支出，针对食用菌的特定养生功效，有此需求的消费者便会购买食用菌。当今社会健康理念不断更新，人民健康消费力持续提高，拓展了多元健康消费需求。② 石志辉着眼于食用菌的健康价值，通过广西大学农学院、广西食用菌创新团队合作承担科技项目，尝试富硒食用菌种植开发，成功将无机硒源通过食用菌转化成为人体吸收有益的有机硒，提升了食用菌的品质等级，增加了食用菌的附加价值。

随着国内消费市场快速增长，食用菌普及化、健康化消费成为常态，社会对食用菌产业发展预期看好。全行业的加工能力和水平快速提升，食用菌产业的附加值明显增长，产业发展空间见涨。

根据 2010—2020 年食用菌供需平衡预测研究（见图 10 – 5），2010 年，石志辉决定创业时，食用菌市场处于供不应求的状态，石

---

① Thaler, R.. Mental accounting and consumer choice [J]. Marketing Science. 1985 (4): 199 – 214.

② 庄玮，顾晓芬，李豫凯．基于需求侧的健康产业链整合发展模式探析［J］．中国卫生经济．2018，37（12）：74 – 76.

志辉瞄准市场，紧跟潮流，抓住机遇，进入食用菌产业；而随着市场的饱和，食用菌市场逐渐出现供大于求的情况，石志辉“随机应变”，利用自己的专业技术知识，与相关科研机构合作，内提质量、外求合力，努力提高技术水平，提高产品质量，在激烈的市场竞争中保持优势，使企业立于不败之地。

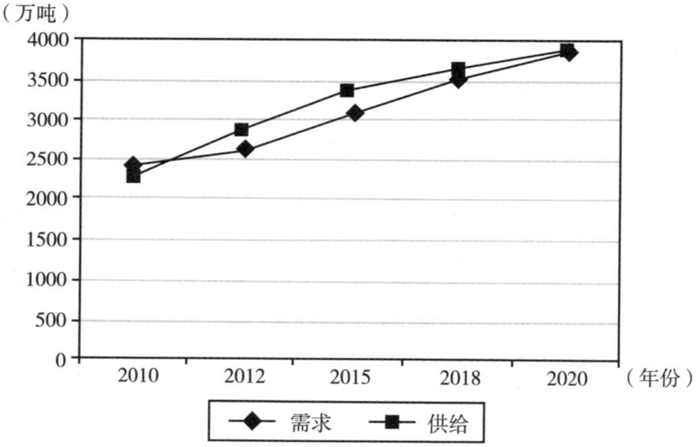

图 10－5　2010—2020 年食用菌供需平衡预测①

10.2.4　“合作社＋基地＋农户”三位一体模式

产业扶贫面临着贫困人口参与能力缺失化、产业选择短期化、扶贫资源分散化和推进手段行政化等困境。② 通过合作社整合财政资源、市场资源和贫困户自有资源，能够使贫困农户更好地参与

① 孔雷等．中国食用菌产业现状及预测［J］．食用菌学报．2016，23（02）：104－109．

② 郭晓鸣，虞洪．具有区域特色优势的产业扶贫模式创新——以四川省苍溪县为例［J］．贵州社会科学．2018（05）：142－150．

合作组织[①]。近年来，各地通过尝试“合作社+贫困户”“公司+基地+合作社+贫困户”等运作模式，采取统一技术指导、统一供幼苗、统一配方肥料、统一报价收购、分户规划种植“四统一分”中的一种或多种措施进行精准帮扶，对合作社产业扶贫机制进行了积极有效的探索实践，证明依托合作社推动建立的产业扶贫等精准扶贫机制解决了“谁来扶”和“怎么扶”的难题[②]。

通过合作社的方式，发展食用菌产业，整合资源，以乡土情怀为凝聚力、各方的切身利益为驱动力、科学民主的管理模式为保护力，集中农业散户的力量，形成规模效应，降低人力成本、存储成本、营销成本等管理成本，形成灵活机动、适应性强的产业联动机制，能有效应对贫困地区小农户资金分散、管理不当、技术资源匮乏的难题，有效帮助贫困地区脱贫。

石志辉通过自我创业，建立基地，成立合作社，发动农户加入，有效帮助农户脱贫，带动乡村经济发展。

“专业合作社+基地+农户”三位一体模式：农民在自愿自主的原则上成立合作社，合作社有效地组织社员进行食用菌生产。产前合作社统一为社员购买生产资料；产中合作社对社员开展种植技术指导，深入到农户大棚里提供技术支持；产后合作社负责收购社员种植的食用菌，负责食用菌的储藏、运输、销售。形成“分散统一在户，服务统一在社”的模式（见图10-6）。根据生

① 赵晓峰，邢成举．农民合作社与精准扶贫协同发展机制构建：理论逻辑与实践路径［J］．农业经济问题．2016，37（04）：23-29，110.

② 蒋宁，陈宏伟．产业扶贫视角下合作社参与行为及其益贫效果——来自江西省罗霄山片区的实证调查［J］．财贸研究．2019，30（07）：42-52，110.

产经营发展及社员的需要，合作社向社员提供下列服务：对社员进行技术指导和服务，引进新技术、新品种、开展技术培训、技术交流活动；为社员生产经营提供所需要的包装、储藏运输等经济活动服务，推进食用菌产业化经营；采购和供应社员所需的生产资料；向社员提供有关市场信息；组织销售社员种植的食用菌；推进标准化生产经营，提高本社食用菌质量安全，打造品牌。

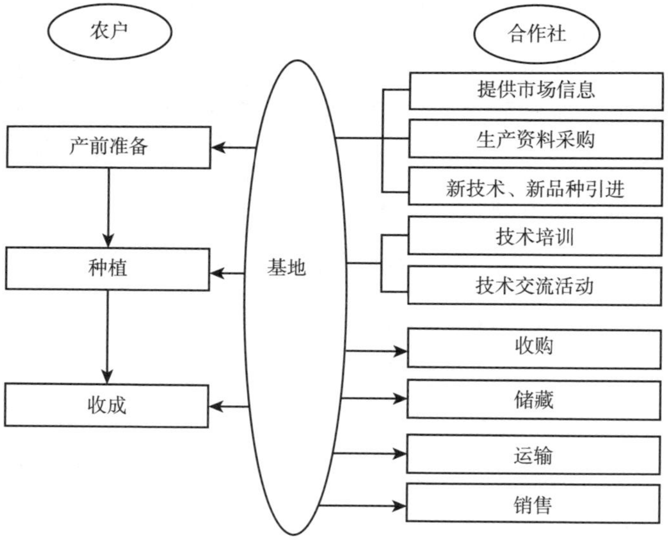

图 10－6　食用菌三位一体模式流程图

（1）发挥人才带头作用，鼓励大学生回乡创业，形成有效的人力资本激励机制，吸引人才，留住人才

柏拉图在《理想国》一书中提到，“知识、学识是发明创造的基本前提”。人力资本就是指通过后天投入而凝结于人体之中的、具有经济价值并能带来未来收益和凭以参与收益分享的知识、经验、技术、能力、工作程度、协作力、健康及其质量因素

的总和。[1] 人力资本可以促进创新，带动经济的发展。当前，国家实施“教育强国”战略，越来越注重对于教育的投入，通过“知识改变命运”的乡村寒门学子不计其数，但是能够建设家乡的人才却相对较少。究其原因，一方面，贫困地区由于自然环境、经济发展水平等制约因素的存在，对人才的吸引力度不大，即便在扶贫工作中通过教育扶贫提升了一些贫困主体的脱贫能力，高质量的人力资本能回到贫困地区助力扶贫工作的几率也很小；另一方面，农村经济在精准扶贫助力下，只提升了人力资本水平，经济和制度方面却没有完善到可以匹配该人力资本水平的程度。[2] 根据马斯洛的需求层次理论，人类的需求有低层次需求和高层次需求。有技术知识的大学生，已经具备在社会上生存的能力，能够自己解决温饱问题，低层次的需求基本可以得到满足。故而，鼓励大学生回乡创业，以人力资本带动乡村经济发展，需要物质激励和精神激励双管齐下，除了为创业提供必要的政策补贴，还需要大力弘扬乡土文化，唤起大学生对乡土的热爱，并对成功创业的典范给予荣誉，满足其得到社会尊重及实现自我价值的需求。石志辉回乡创业，并带动村民脱贫的成功经验，正是人才力量带动经济发展的体现。

（2）发挥产学研协同效应，形成内生造血机制

科学技术是第一生产力，产学研合作可以有效促进经济发展，发挥协同效应。20 世纪 50 年代美国斯坦福大学的“特曼式”产学

---

① 李玲．人力资本运动与中国经济增长［M］．北京：中国计划出版社，2003：19.

② 唐红涛，郭凯歌，张俊英．电子商务与农村扶贫效率：基于财政投入、人力资本的中介效应研究［J］．经济地理．2018，38（11）：50－58.

研融合模式造就了“硅谷”“波士顿128号公路园区”等产学研合作成功案例。而我国的“两弹一星”亦是高校、研究所与军工企业联合研发的成果。[①] 产学研协同管理，要求注重产学研三方的合作和协调，将企业高校科研机构的目标、组织、体制机制协同起来进行管理，进一步增强“1+1+1>3”的协同效应和集聚效应。[②]

石志辉与广西大学农学院、广西食用菌创新团队合作承担科技项目，研究出具有市场竞争力的产品，正是产学研协同效应发挥的良好典范。

（3）科学有效管理，形成长效机制

“合作社+基地+农户”的管理模式，有助于扁平化管理，提高管理效率，由合作社精准对接每户在社农户，提供相应的技术支持、营销支持等服务，灵活高效，充满生命力。但是，建立有效的管理机制，规避管理缺位导致的“拖后腿”情况，是十分必要的。合作社的内部组织管理存在委托代理关系，“委托—代理”导致所有权和经营权的两权分离，当合作社由多数普通社员和少数核心社员组成时，由于利益冲突和信息不对称，容易造成核心社员的机会主义行为，以获得高于普通社员的收益。[③]

所以，需要完善合作社的管理监督，采用科学的现代管理手

---

① 朱桂龙，张艺，陈凯华．产学研合作国际研究的演化［J］．科学学研究．2015，33（11）：1669－1686．

② 苏乐天，杜栋．协同管理研究综述与展望［J］．科技管理研究．2015，35（24）：198－202．

③ 梁巧，黄祖辉．关于合作社研究的理论和分析框架：一个综述［J］．经济学家．2011（12）：77－85．

段。例如，完善合作社财务制度，实行账目在全社范围公开；建立经营者考核制度，完善合作社内部民主决策机制；明晰合作社产权结构，加大中小股东在理事会及监事会中的比例。①

有效的管理有助于促进食用菌产业化，形成良性循环的长效机制，有效运营，发展越来越壮大。

（4）拓宽营销渠道，发挥品牌效应

品牌的本质在于差异化，不同品牌引起的特定联想，构成了消费者对品牌的认知差异，而这种差异便是品牌效应的来源。②合作社通过科学的管理，发挥地域性产业集群品牌效应，打造“一村一特色，一村一品牌”，乡村特色产业品牌的发展壮大，进而带动乡村其他产业的联动协同发展，使村民享受到普惠性的乡村振兴溢出效应带来的发展红利，帮助村民实现脱贫致富。

积极走进市场，拓宽营销渠道，形成市场、社会多元主体协作与运行机制。与知名企业合作，形成互利互惠的企业战略联盟，利用其已有的市场资源为合作社拓宽销售渠道；利用互联网大数据的便捷性，发展电商营销，扩大市场接触面积，提高销路；实行差异化战略，培育反季节食用菌、富硒食用菌等有特色、高品质、具备市场稀缺性的新品种，打造差异化特色品牌。

石志辉与广西长生集团合作，拓宽销路，打造品牌，增加企业的无形资产，以此吸引更多的顾客，形成“滚雪球”式良性经济循环促进。

---

① 王维，向德平．风险社会视域下产业扶贫的风险防控研究［J］．陕西师范大学学报（哲学社会科学版）．2019，48（05）：50－61．

② 蒋廉熊，朱辉煌．品牌认知模式与品牌效应发生机制：超越“认知—属性”范式的理论建构［J］．管理世界．2010（09）．

（5）风险防控

前景理论指出，多数人在面临获利之时表现出风险规避的特点。对于贫困户来说，由于手里资金有限，受传统投资观念的影响，对于风险更加敏感，属于风险厌恶型投资者，由此容易陷入越来越贫困的“贫困陷阱”。所以，为了让更多农户无后顾之忧地加入合作社，必须采取有效的风险管理措施，做好风险防控工作，尽可能规避可能出现的风险。

根据现代社会风险类型，产业扶贫项目可能会遭遇市场风险、政治风险、道德风险以及自然风险等。① 而食用菌产业面临自然风险、质量风险、技术风险、市场风险、管理风险等一系列风险。自然风险主要有病害带来的风险；质量风险包括铅、镉、汞、砷等重金属超标，储存保鲜不当降低质量水平等风险；技术风险包括项目研发进展不顺，价值转换周期长、技术不成熟，栽培环境控制水平不足等风险；市场风险则受市场供需关系、外部经济环境、消费者消费观念、成本上涨等因素影响；管理风险包括资金管理不当、人员激励不足、效率低下等因素带来的风险。

针对不同类型的风险，可以采取相应风险应对措施：建立风险评估模型，定期对风险的各项参数进行评估，并针对各项风险制定风险管控措施，使风险在可控范围内；加强事前防控，未雨绸缪，采取措施规避风险的发生；完善事后应对机制，制定应急管理方案、退出机制，一旦发生不可逆转的重大风险事件，可以及时止损。

---

① 王维，向德平．风险社会视域下产业扶贫的风险防控研究［J］．陕西师范大学学报（哲学社会科学版）．2019，48（05）：50－61．

10.3　案例推广：食用菌产业扶贫的可复制性

食用菌项目实施的框架设计如表 10－1 所示。

表 10－1　　　　　　　　食用菌项目关键要素分析

主体	合作社	规划	市场调查、行业分析
			引进、开发新品种、新技术
			制定产品战略
		采购	确定采购清单
			市场价格调查，定期询价，按市场价格波动弹性定价
			形成采购小组，议价、采购
		技术指导	技术培训
			实地指导
		收购	按市场价格和农户收购食用菌
		存储	保鲜
		销售	多渠道销售，建立电商平台、与企业建立长期合作关系
		运输	与物流企业合作
	农户	加入合作社	签订合同条款，约定权利和义务
		菌种制作	制作培养基
			菌种培养
		栽培	
		病害防治	
		收割	

续表

资金	政府补贴	
	农户出资	
	企业出资	
技术	与高校、科研机构合作	
	开发新品种、新技术	
	考察、参观学习	
管理	人员管理	
	质量管理	
	风险管理	
	采购管理	
	成本管理	

10.3.1 政府部门的推动

地方经济发展的需要。在众多的种植当中，食用菌产业无疑是健康和绿色产业的典型代表，食用菌带动相关产业发展的能力较强，比较优势明显。三次产业融合发展成为趋势，食用菌园区化、工业化、小镇化等特点切合时机。

扶贫脱贫的需要。产业脱贫需要“短、平、快”，而且风险相对可控，产业发展要有可持续性，食用菌产业正是如此。同时，各地对涉农资金进行整合，能够对引进的项目补贴和生产给予实际保障。

宽松的政策和市场环境。中国特有的集中力量办大事，边看边干边修正，保证了工作的快速落实。

10.3.2　产业模式成熟且可以快速模仿复制

随着技术进步，食用菌产业对自然条件、技术水平和人力资源的要求明显放宽。人工栽培食用菌对地域的要求不再苛刻，对操作人员的技术要求实现了专业化分工和模式化培训。

开放式的学习借鉴为模仿提供了便利。组团式、频繁化的参观学习和考察，可以快速借鉴成功经验，实现高仿真立体式的复制。而且，当前对技术发明、生产专利保护程度与能力还不高，市场的规范化不足，也为快速复制产业提供了机会。

写作后记：

对于农业产品来说，找准特色和定位，增加农产品的附加价值，就能在市场上抢占先机，拥有一席之地。例如，当今社会健康理念不断更新，人民健康消费力持续提高，多元健康消费需求不断拓展。石志辉着眼于食用菌的健康价值，成功将无机硒源通过食用菌转化成为对人体吸收有益的有机硒，提升了食用菌的品质等级，增加了食用菌的附加价值，同时也为贫困地区的食用菌种植业带来了生机。

在扶智扶志工作中，大学生等青年群体的积极参与无疑是一针强心剂，它能有效动员贫困地区群众投入到产业中来，形成脱贫工作的长效机制。石志辉回乡创业的案例，是大学生参与扶贫工作的典型案例。将专业知识运用于产业生产，帮助贫困地区经济发展，进而实现脱贫，对于国家和地区来说是为脱贫攻坚提供强大力量，对于个人来说也是人生价值的体现。